历史的丰碑丛书

多才多艺的文学巨匠
歌 德

王 文 编著

文学艺术家卷

吉林人民出版社

图书在版编目（CIP）数据

多才多艺的文学巨匠——歌德 / 王文编著 . -- 长春：吉林人民出版社，2011.4（2025.4 重印）
（历史的丰碑丛书）
ISBN 978-7-206-07634-3

Ⅰ . ①多… Ⅱ . ①王… Ⅲ . ①歌德，J.W.V.（1749～1832）—生平事迹—青年读物②歌德，J.W.V.（1749～1832）—生平事迹—少年读物 Ⅳ . ① K835.165.6-49

中国版本图书馆 CIP 数据核字（2011）第 037455 号

多才多艺的文学巨匠 歌德
DUOCAI DUOYI DE WENXUE JUJIANG GEDE

编　著：王　文
责任编辑：王一莉　　　　封面设计：孙浩瀚
制　　作：吉林人民出版社图文设计印务中心
吉林人民出版社出版 发行（长春市人民大街7548号 邮政编码：130022）
印　刷：北京一鑫印务有限责任公司
开　本：787mm×1092mm　　1/16
印　张：8　　　　字　数：72千字
标准书号：ISBN 978-7-206-07634-3
版　次：2011年4月第1版　　印　次：2025年4月第3次印刷
定　价：35.00 元

如发现印装质量问题，影响阅读，请与出版社联系调换。

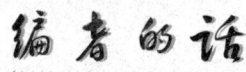

"欲知大道，必先为史"。

回溯人类的足迹，人们首先看到的总是那些在其各自背景和时点上标志着社会高度和进步里程的伟大人物。他们是历史的丰碑，是后世之鉴。

黑格尔说："无疑，一个时代的杰出个人是特性，一般说来，就反映了这个时代的总的精神。"普希金说："跟随伟大人物的思想是一门引人入胜的科学。"

以史为鉴，面向未来。作为21世纪的继往开来者，我们觉得，在知史基础上具有宽广的知识结构、开阔的胸襟和敏锐的洞察力应是首要的素质要求，而在历史的大背景

◆ 历史的丰碑丛书

中追寻丰碑人物的思想、风范和足迹，应是知史的捷径。

考虑到现代人时间的宝贵，我们期盼以尽量精短的篇幅容纳尽量丰富的信息，展现尽量宏大的历史画卷和历史规律。为此，我们编撰了这套丛书。

编撰丛书的过程，也是纵览历代风云、伴随伟人心路、吸收历史营养的过程。沉心于书页，我们随处感受着各历史时期伟大人物所体现的推动历史进步的人类征服力量。我们随着伟人命运及事业的坎坷与辉煌而悲喜，为他们思想的深邃精湛、行为的大气脱俗而会意感慨、拍案叫绝。

然而，在思想开始远游和精神获得享受的同时，我们也随之感受到历史脚步的沉重

◆ 编者的话 ◆

和历史过程的曲折。社会每前进一步都是艰难的,都伴随着巨大的痛苦和付出。历史的伟大在于它最终走向进步,最终在血污中诞生了鲜活的"婴孩"。

历史有继承性和局限性,不能凭空创造。伟人也有血肉,他们的思想、行为因此注定了同样具有历史的局限性和阶级的、时代的烙印;他们的功业建立于千千万万广大人民群众伟大创造的基础上。历史是人民群众创造的,伟大的人物们是历史和时代造就的。同时,我们也无法否定此间他们个人的努力。这也正是我们编撰这套丛书的目的。

我们期盼着这套丛书得到社会的认同,对读者,特别是青少年读者之历史感、成就感和使命感的培养有所裨益。史海浩瀚,群

◆ 历史的丰碑丛书

星璀璨。我们以对广大青少年读者负责的精神，精心遴选，以助力青少年成长进步，集结出版了《历史的丰碑》系列丛书，敬请读者批评、指正。

编 委 会

策　划：胡维革　吴铁光
　　　　林　巍　冯子龙
主　编：胡维革　邢万生
副主编：贾淑文　谷艳秋
编　委：（按姓氏笔画为序）
　　　　于二辉　刘士琳
　　　　刘文辉　孙建军
　　　　李艳萍　吴兰萍
　　　　杨九屹　隋　军

歌德生于18世纪的德国,在一定意义上可以说是生不逢时。当时的德国虽号称日耳曼神圣罗马帝国,但实际上已经分裂为360多个独立小邦。德国皇帝与各个小邦多于牛毛的王公贵族,整日醉心于尔虞我诈,统治人民,聚敛财富,寻欢作乐,骄奢淫逸,使德国进入了历史上极为可耻、极为黑暗的时代。

也许正是这些无休无止的苦难,格外淬砺了德国民族的性格与思想,进而使德国在这一时期先后向世界奉献了一大批最伟大的思想家和文学家。在这灿若群星的巨人之林中,歌德便是一颗最为耀眼的文坛巨星。他以自己博大精深的思想与才华,照耀着当时的德国社会,照耀着德国文学,也照耀着整个世界。

目　录

故乡与童年　　　　　　　◎ 001

风华正茂的大学生活　　　◎ 015

非凡的才华与抱负　　　　◎ 030

逃避与探索　　　　　　　◎ 050

歌德与拿破仑、贝多芬　　◎ 067

友谊地久天长　　　　　　◎ 083

勤奋充实的暮年　　　　　◎ 099

历史的丰碑丛书

多才多艺的文学巨匠　**歌德**

故乡与童年

我为科学和艺术而生。
——歌德

1749年8月28日正午时分,时钟刚好打了12下,在德国中部的法兰克福城内,一位"皇家顾问官"的家里,一个男婴呱呱落地了。他被命名为约翰·沃尔夫冈·歌德。几十年后,他为生养他的父母,为这座繁华的城市,也为他的祖国赢得了荣誉,并成为他们共同的骄傲。

歌德的祖父是个裁缝,1686年移居到法兰克福,与一个寡妇结婚,共同经营寡妇的前夫遗留下来的一个酒店。法兰克福位于德国的莱茵河畔,当时有30多万人口,是当时德国的南北交通枢纽和工商业中心。得天独厚的环境与条件,加之他祖父和祖母的惨淡经营,酒店生意日益兴隆,生活也随之日益富裕,这使得歌德的父亲有条件享受到当时最高的教育。他不仅在莱比锡大学学完了法律,而且还在斯特拉斯堡和基森得到了博士学位,并从事了当时一般学者所不可缺少的教养旅行,先后到过意大利、法国和荷兰等地。歌德的祖父、祖母在这个学识渊博的儿子身上寄托了很大的希望,为了他的前途不惜重金从查理皇帝那里为儿子买到了"皇家宫廷顾问"的头衔。从此以后,歌德父亲的社会地位才逐渐有所上升,不久,当选了法兰克福市的参议员。直到37岁那年,他才娶了市长17岁的女儿为妻。婚后,他们共有5个孩子,除了长子歌德和一个比歌德小1岁的女儿外,其他3个孩子都先后夭折了。

　　歌德的父亲虽然学识渊博,但却出身微贱,在这个看重门阀的社会里,很难找到一展才华的机会和职业,这深深地伤害了他的自尊心。事业上的失意,精神上的抑郁,使他的性格看上去有些冷酷,但内心里却是非常热情与善良。这种双重的性格表征,对歌德的一生几乎产生了决定性

← 歌德

多才多艺的文学巨匠 **歌德**

的影响。

歌德的母亲在性格上正好与丈夫相反,她年轻而有朝气,对生活无限热爱,而且善于用自己的温柔和感情来体贴丈夫,关怀整个家庭,可谓贤妻良母。她经常给孩子们讲述那些充满神奇与幻想的童话、圣经故事,以此激发孩子们,尤其是小歌德的想象力。歌德的孩提时代是在父亲的严厉管教和母亲的爱抚中度过的。父亲与母亲不甚相同的性格产生了两种教育方法,这两种教育方法各有千秋,相得益彰。这可以用一个小故事来说明:为了培养孩子们具有坚强的性格,一天,父母共同做出决定,让歌德和妹妹单独睡在一个没有大人睡的卧室里,到了晚上,两个小孩子由于恐惧,经常爬起来去找仆人。这时,他们的父亲穿着

→今日法兰克福

文学艺术家卷 003

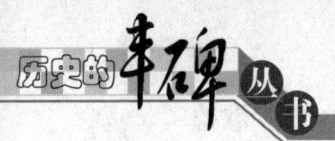

宽大的睡衣，板着面孔横挡在过道里，而且一言不发，用威严的目光把他们双双逼回到自己的卧室去；而他们的母亲面带和蔼可亲的笑容，跟进到房间里，与孩子们商量着订下契约，如果谁能晚上战胜了恐惧，第二天就准能得到几个桃子作为奖品。如果说父亲的威严铸就了歌德的胆略，那么，母亲的慈爱则滋润了歌德的文心。

在此，我们不能不提到歌德的祖母，这是一位非常慈祥的老人。在歌德4岁那年的圣诞节，她请人给孩子们演出了木偶戏，这件事在小歌德的眼前展示了一个新的天地，对他影响甚久。此后，歌德有时就和他的妹妹以及童年伙伴在家里仿效演戏，后来，歌德对戏剧的爱好，与这位老人恐怕不无关系。

← 莱茵河畔

多才多艺的文学巨匠　**歌德**

歌德的家是一所比较宽敞的旧房子，楼下有一个宽敞明亮的前廊，门旁是一个很大的木格子窗户，像鸟笼子似的。当时，有好些房子都建有这种"格子窗"，一是为了采光，二是方便屋里的人看到外面的情景。通常，格子窗下是妇女们编织衣物或相互闲谈的场所，但是在顽皮的孩子们眼中，却也别有天地。在歌德老年时所写的自传中，还能读到这样一个有趣的故事，他写道：有一回，刚好是卖陶器的集市期，家人们不独置备厨房要用的东西，而且还为小孩们买了一些小炊具、食器等给他们玩。在一个晴朗的下午，家人们都安静地坐在家里，我带着我的盘儿、锅儿在格子间玩耍。既然再玩不出什么名堂来，我就把一个家伙抛到街上去，它摔得那样清脆，我感到很高兴。奥克逊斯泰兄弟们（住在对门的三个孩子）看见我因为这个而欢笑，甚至高兴得拍起小手掌来，便叫道："再来一下！"我毫不踌躇地把一个小锅马上摔到街石上。他们不断地叫嚷："再来一下！"我就不断地一个一个地把我的全套盘儿、锅儿、罐儿，通通摔下去。我的邻居继续喝彩，我极想得到他们的欢心，可是我的家伙，已经完全摔碎了，他们还是叫着"再来一下"！于是，我一直跑到厨房去，把那些瓦的盘子拿出来，它们摔起来当然更清脆好听。我这样跑来跑去，

歌德故居：歌德就在这里写出著名的《少年维特之烦恼》和《浮士德》

只要我的手能够得着那一排排食器架上的盘子，我便一个个都端出来，因为这样子还不够痛快，我便把我所能够弄来的陶器，全都摔个干净。

可见，歌德的童年多么快乐欢畅，充满着许多绿色的回忆。对于每个人来说，自由嬉戏的儿时是那么短暂而又可贵。转眼间，大眼睛、宽脑门的歌德到了读书学习的年龄了，父亲不知出于什么样的考虑，没有把他送到学校，而是为他聘请了几个家庭老师，并由父亲这位严峻的法学博士亲自督学。父亲给儿子规定的课程又多又重，足见父亲对他的严厉与期望。他

多才多艺的文学巨匠　**歌德**

不仅要学德语，而且先后开设了拉丁文、希腊文、意大利文、法文、英文和希伯来文。但是，少年的歌德不仅天分很高，而且表现出旺盛的求知欲望。课程虽然如此之多，但"我理解、消化和吸收得都快。不久，父亲和别的老师能给我上的课就不够我学的了，当然，我还没有精通什么。我不喜欢语法，因为我觉得它只不过是一种任意的法则；我觉得规则是可笑的，因为那么多例外实际上等于取消了它们，所有这些例外我都必须重新专门学习。"这是歌德在《诗与真》中的回忆。的确，这些语言的艰深抽象的文法对于天真烂漫的孩子们是不大相宜的。但是，聪明的歌德却创造了掌握它们的一种新方法：他竟然构思了一部小说，由兄弟姐妹之间的通信组成，其中每一个人各用一

歌德故居：歌德一家在当时是法兰克福屈指可数的名流家庭

文学艺术家卷　007

← 歌德故居

种文字来写信。这样,便使多种文字语言的学习变得饶有兴致了,而且收效较快。这实际上是对传统教学方法的一种批判和改革,他用自己幼稚的学习实践回答了一个比较深刻的理论问题:人们在交际运用语言的过程中更容易学习掌握语言。

歌德自幼就爱好读书,他在父亲的书斋里的2000多卷书中,找到了莱辛、格勒得、哈勒尔等人的作品,这可以看作是他文学上的早期启蒙。他还养成了用零钱买书读的良好习惯,他从旧书摊买到许多"民间故事丛书",比如《梯尔·奥伦斯皮格尔》《美女麦鲁茜娜的奇闻》《约翰·浮士德博士的故事》等书籍。这些民间故事对歌德未来的创作影响十分巨大深远,其中一些题材经过他的再度创作,被赋予了新的思想和新

多才多艺的文学巨匠　**歌德**

的意义，而成为他的传世之作。比如浮士德博士的故事则成了歌德整个一生研究、探讨并创作的题材。一定意义上说，他在浮士德这个民间传说人物身上，倾注了毕生的精力和心血。

歌德的父亲十分向往意大利的山水与文化，在他家的前厅，装饰着一排排铜版的罗马风景画，后来，这些画都被用镶金条的黑框框了起来，歌德最初便是从这些铜版画上看到了彼得教堂。父亲一有闲暇，经常绘声绘色地向孩子们描述这些景物，有时还把他从意大利带回来的大理石等小收藏物拿给孩子们看。歌德一生十分向往崇拜意大利文化，这大概与父亲的直接影响密不可分。他的父亲最喜欢意大利文人塔索，歌德后来曾

歌德故居展示了18世纪中期这一富裕家庭的生活状况

写过一个以"塔索"命名的剧本。

1759年,法军攻占了法兰克福。歌德家里住进了一位法军高级武官多伦伯爵,这位身躯瘦长、举止庄严、满脸疱痘的武官,不仅使他的房主人避免了浩劫,而且还给10岁的歌德学习法语提供了得天独厚的条件,这使他的法语达到了无师自通的境界,也为他接触法国的革命思想与文学艺术打开了方便之门。令人惊异的是,这位舞刀弄枪的法国军官酷爱绘画,一时间,他家成了一些名画家和名画的集散地,俨然一个绘画艺术博物馆,使歌德较早地接触了艺术。

跟随着法国军队的马蹄和车轮,繁荣的法国古典主义戏剧进入了德国剧院。歌德从他的教父,也就是当时出任市长的外祖父那里,弄到了一个戏院的免费票。他不顾父亲的反对,每天都跑去看戏,就是在这家小小的戏院,他知道了高乃依、拉辛、莫里哀等法国著名作家,戏中许多可歌可泣的人物和风起云涌的社会潮流,较早地震撼了他那颗纯洁而又善良的心。这些自然与社会的种种碰撞与组合,为童年的歌德的成长提供了丰富的精神营养和物质条件。在这块肥沃的土地上,歌德的体魄逐渐发育成熟,他开始有了自己的形象、风度、兴趣和爱好;更为重要的是,在他的思想深处,文学和艺术的种子已经开始生根、发芽。

多才多艺的文学巨匠　**歌德**

8岁那年,歌德写下了第一首诗,这首诗是他1757年新年时献给他的外祖父母的。11岁时,也就是在法国军队占领期间,由于他经常看随军剧团演出的一些法国戏剧,比如狄德罗的《家长》、莫里哀的《斯加本的奸计》等,少年歌德对这些戏剧如醉如痴。他在古罗马喜剧作家泰伦茨和德国剧作家皮朗的影响下,自己根据神话编写了一个剧本。虽然如此,严格的来讲,他8岁时写的诗歌和11岁时写的剧本,还都不能称之为创作,因为真正的文学创作,必须有对生活的深刻理解,而对他来说真正意义上的生活此时还没有开始呢!更何况他要成为著名的作家,还有更长的路在等待着他……

→ 原德国剧院

相关链接
XIANGGUAN LIANJIE

法兰克福与歌德的家

　　法兰克福除了是金融中心,更是德国文化重镇,大文豪歌德以及《安妮日记》的作者安妮·法兰克都出身于此。从16世纪开始,这里就被指定为选举罗马皇帝和加冕的场所,也成为了欧陆文化的中心。

　　因《少年维特之烦恼》《浮士德》等作品而闻名世界的约翰·沃夫更格·冯·歌德于1749年8月28日,伴随着12时的钟声降生到法兰克福。他的父亲约翰·卡斯帕鲁尔·歌德是皇帝顾问官,母亲卡特丽努·伊丽沙白·歌德是法兰克福市长的女儿,因此歌德一家在18世纪的当时,是法兰克福屈指可数的名流家庭。他们的旧居在第二次世界大战的轰炸中被完全破坏,然而由于战后精心的复原修整,如今可视作代表德国建筑修复技术最高水平的杰作之一,室内的用具则因为战时及时疏散而幸免于难。

多才多艺的文学巨匠　歌德

歌德博物馆

在法兰克福凯撒大街后面有一条叫格罗撒·希尔施格拉本的通道，由此通道进门，右侧有售票房，进入主建筑，登上门口的楼梯，那里便是博物馆，陈列在其中的作品反映了歌德的整个艺术生涯。人们把歌德离开父母的家庭之后直到他去世前的生活历程，与他的交友情况及其他社会环境结合在一起展出。如果想参观歌德的旧居，那么不要上通向博物馆的楼梯，而应沿走廊前行，在尽头向左侧拐，然后经过中庭便到了。在那里，参观者不能随便在椅子上落座或者触摸家具，并且照相也禁止使用闪光灯。

一层——厨房，典型的18世纪有钱人家的厨房，有私用井台，筑在一角的灶台同时又是隔壁房间及餐厅火炉的添柴口，烘制的蛋糕形状也颇为有趣；餐厅——称为"蓝色厅"，是全家团聚的场所，厅中的镜子等物品体现着马洛克风格；二层——洛可可风格沙龙，也称作"北京厅"，墙纸是中国式的，一般在平时不用，只在特殊场合才使用，比如庆祝歌德的妹妹柯尔内莉亚的婚礼；

北厅——陈列有歌德外祖父、外祖母的肖像；音乐厅——可看到当时的竖弦钢琴；三层——路易十六风格走廊，精致的天文钟依然在走动，它正确地显示年月日甚至星期，而上面那头可爱的熊并不仅仅是装饰，因为这头熊的姿势一旦倾斜，便是在告诉人们需要上发条了；歌德诞生的房间——里面可以看到宣告歌德出生时的报纸；母亲的房间——展有其父母的肖像和歌德本人的肖像，还陈列着带针线的缝纫箱，夜间外出时由使女提着的灯笼等；绘画厅——能看到歌德父亲收集的法兰克福画家们的作品；书房——父亲的书房中满是有关法律的书籍，歌德也从这些书中汲取了丰富的知识；妹妹的房间——室内几乎没有家具，但展出着与其妹有关联的物品；四层——诗人的房间，歌德在此渡过了从少年时期到青年时期的一段岁月，正是在这个房间，他写下了著名的《少年维特之烦恼》《浮士德》等作品的初稿。在靠近走廊一则的门口左壁上挂着《少年维特之烦恼》中的女主人公夏绿蒂的剪影像；放置木偶场的房间——据说歌德与妹妹经常在这里自编自演木偶剧玩耍。

多才多艺的文学巨匠　**歌德**

风华正茂的大学生活

> 要取得出类拔萃的造诣，那他在思想感情上，就非得有热情奔放的动机不可。
> 壮志和热情是伟大的辅翼。
>
> ——歌德

1765年秋天，刚满16岁的歌德离开双亲，来到了当时号称"小巴黎"的莱比锡，在莱比锡大学攻读法律。本来歌德希望能去新创建的哥廷根大学学习文学，但是，父亲却希望儿子将来成为一名精明强干的律师，而且认为他应该去莱比锡大学，他只好遵从父亲的指令，来到了普雷塞河畔的莱比锡城。

歌德一踏入莱比锡的城门，就被这座城市和正在举行的博览会深深地吸引住了。当时的莱比锡是德国的文化中心，敏感而浪漫的歌德

→歌德肖像素描

文学艺术家卷　015

一进入这个花花世界,就如同许多年轻人一样,身心马上就改变了模样。他马上淘汰了从家里带来的一些陈旧过时的服装,换上了比较流行时髦的行头,并逐渐沾染上逍遥放纵的恶习,经常出没酒店、舞厅和剧院。很快,他几乎变成了一个地道的花花公子:一副骄矜自傲的派头;一身离奇古怪的服装;一系列放荡不羁的行为,有很长一段时间,他成为全校学生评头品足的对象。面对人们的议论和指责,他满不在乎,而且自以为得意。

生活上的放浪无度,自然会影响学业的进步,但是凭着他较高的天分和一向较强的求知欲,也有一些长进。莱比锡大学的法律课是他所不乐意学的,如果

← 莱比锡

多才多艺的文学巨匠　**歌德**

说有所学习，那也是出于应酬，而他所感兴趣的文学课，却因主讲老师过于保守，也颇使他感到失望，于是，他把学习的兴趣转移到自然科学和美术方面，他一度丢下书本，拿起了画笔和刻刀。他曾贪婪地阅读了哈勒尔（瑞士科学家）、林纳（瑞典生物学家）、布封（法国自然科学家）等人的科学著作，还如饥似渴地听取了解剖学、生物学、物理学等讲座。这些有意无意的课外涉猎，为他以后从事这方面的研究，保持对自然科学持久的兴趣和爱好，打下了较为深厚的基础。这是他作为一个著名文学家，同时又十分执着地热恋着自然科学的十分重要的原因，也是他区别于一般文学家的特征所在。由于他经常出入酒店饭馆，偶然与一家酒店老板的女儿凯特馨相识。这位比他大3

→莱比锡大学

岁的少女，长得十分妩媚，而且天真活泼，很快唤起了歌德对她的钟情与爱恋。但是天公不作美，由于歌德的过分猜疑与妒忌，凯特馨很快与他分手，并与别人订了婚，这使歌德第一次品尝了人世间男女恋爱时的欢欣和失恋后的痛苦。

← 歌德石膏像

这次失恋的直接果实是，他写了一些抒情诗歌和两个描写爱情的剧本。这些抒情诗大多数是歌颂爱情、描写抒发个人感受的，而且比较注重形式上的纤巧华丽。两个剧本，一个是《情人的脾气》，描写两对男女疯狂地恋爱；另一个是《同犯》，写一个酒店女郎爱上了一个少年，后来又变了心的故事。歌德在以后的人生旅程中，曾先后经历过10多次恋爱，几乎每一次的感情纠葛都进入了他的文学创作，从这个意义上讲，艺术上真实动人的作品，常常就是作家本人的真诚剖白与诉说。

由于放纵无度，生活上没有规律；加上与凯特馨

多才多艺的文学巨匠　**歌德**

交往时的感情折磨，终于破坏了歌德的健康。一天早晨，他一觉醒来，突然发现自己满嘴都是血，这是由于肺管破裂引起的。1768年，正值19岁生日的那天，他从病榻上爬了起来，收拾起所有能带走的东西，离开了美丽浪漫的莱比锡，拖着疲惫带病的身子，艰难地驶回了故乡的港湾。

他一踏入家门，便给整个家庭罩上了一层浓郁的阴影。学业的中辍使严峻的父亲大为不悦，病弱的身体使善良的母亲忧心忡忡，精神的萎靡使好心的妹妹焦虑不安。年轻的歌德在病床上一躺就是几个月。医生的精心治疗，母亲和妹妹的悉心照料，使他的身体逐渐康复起来。但是，精神上的迷惘和感情上的创伤

→ 法国斯特拉斯堡街上的房屋

尚缺乏疗救的良药。开始，他只好用绘画、雕刻来打发日子，但是，无休止的沉闷和无聊时刻缠绕着他。值得庆幸的是，他结识了母亲的一个女友苏珊娜，这个女人既是一个虔诚的教徒，又是一个炼丹术士。

←明斯特教堂一隅

在这个女人的熏陶感染下，歌德开始迷恋上炼丹术，不仅捧上了这方面的书籍，而且还自己一个人躲在黑暗的小阁楼上烧起了小火炉，夜以继日地进行炼丹试验。丹丸究竟炼了多少，只有天知道，但是有一点却是不容置疑的，那就是在炼丹的同时，歌德在痛苦和迷茫的煎熬中锻炼了性格，陶冶了情操，最终以崭新的姿态，毅然斩断了对凯特馨的情肠，从黑暗的阁楼走了出来。父亲永远是正确的，这一次，又为儿子做出了命运上的精心设计与安排，决定让他到德国的另一个城市——斯特拉斯堡，以便结束自己的学业。这在歌德的一生中，有着至关重要的意义。

多才多艺的文学巨匠 歌德

1770年4月初,歌德登上了斯特拉斯堡城内的明斯特大教堂,他纵目四望,蓝天白云之下,斯特拉斯堡全城尽收眼底。斯特拉斯堡地处德国西南部,临近法国,是德法文化交流中心。在这里,歌德结识了许多新朋友,其中,对他影响最大的是德国思想家和文艺理论家赫尔德尔,这也是他青年时期和走上文学道路极有意义的一件大事。后来歌德在《诗与真》一书中这样写道:"最有意义的事件,对于我有最大的成果的事就是与赫尔德尔的结识。"毫无疑问,歌德把赫尔德尔看成是自己平生所遇到的第一位启蒙老师。

→荷马

赫尔德尔虽然只比歌德大5岁,但当时已经是德国文坛的知名人士了。1767年,他发表了《关于当代德国文学的断片》,1769年出版了《批评之林》,这些著作为他在全德文坛带来了巨大声誉。当时,赫尔德尔因患眼

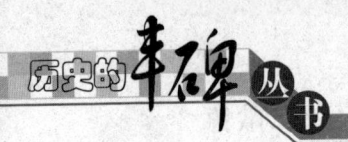

病滞留在斯特拉斯堡约有半年时间,在这段时间里,歌德几乎每天晚上都去拜访他,甚至有时一连几天陪伴在他身旁。赫尔德尔的脾气不好是远近知名的,再加上疾病的折磨,有时显得十分暴躁,但是,他的崇高名望、渊博知识和深刻思想就像磁石一般紧紧地抓住了歌德。由于他的热心指点,歌德不仅摆脱了追求艺术形式完美的文学习惯,而且阅读了荷马、莎士比亚等人的文学作品,尤其是莎士比亚对他以后的文学生活影响极大。在一次纪念莎士比亚的讲演中,歌德曾这样热情地讲道:"我读到他的第一页,就使我一生都属于他了;我读完了第一部,我就像是一个生下来的盲人,一只奇异的手在瞬间使我的双眼看到了光明。……我没有一瞬间的怀疑,去放弃那遵循格律的戏剧。我觉得地点的一致是牢狱般的可怕,行动和时间的一致是我的想象力的枷锁。我跳到自由的空气里,我才感到,我有了手和脚。"由此可见,歌德对莎士比亚作品中的时代精神和一扫陈规旧习的清新风格,崇拜得五体投地,这与赫尔德尔对莎士比亚的深入研究和科学评价有着十分直接的关系。

赫尔德尔一向重视民间文学,尤其是致力于民歌的搜集与研究。在赫尔德尔的带动鼓励下,歌德曾在

多才多艺的文学巨匠 **歌德**

斯特拉斯堡附近进行过采风活动,从事了一段"从老太婆的喉咙里把民歌抠出来"的工作。这不仅使歌德这一时期的诗歌创作一扫纤巧华丽、矫揉造作的痕迹,使他这一时期创作的一些抒情诗充满了积极向上的情调,为他成为一名伟大的德国诗人奠定了最初的几块基石,而且为他未来的文学创作,奠定了十分丰厚的功底与始终如一的格调。

在这期间,他还接触到法国著名启蒙思想家伏尔泰、卢梭的著作和思想,荷兰哲学家斯宾诺莎宣扬泛神论的著作一度也使他百读不厌。这些理论思想,还对歌德唯物主义世界观的最终形成,起到了重要的催化作用。

→ 莎士比亚

在斯特拉斯堡,有一位美丽纯朴的农村姑娘再次拨动了这位伟大诗人的感情琴弦。这位姑娘名叫布里女襄,年仅18岁,是一位牧师的女儿。

1770年10月,

文学艺术家卷 023

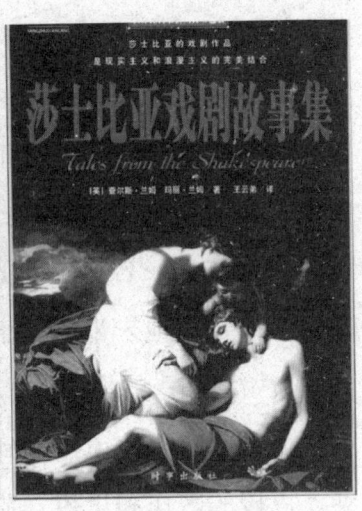

《莎士比亚戏剧故事集》

歌德同一位朋友去拜访一位牧师，当牧师18岁的小女儿一出现在歌德的面前时，他便觉得"在这个粗鄙的天地间升起一颗可爱的星"。歌德对布里女襄一见倾心，立刻陶醉在爱的激情中，为此，他写下了最为优美、脍炙人口的抒情诗，如《欢会和离别》《五月之歌》等作品。在《欢会与离别》中，诗人形象地描写了和恋人匆匆相会时的喜悦和离别时的万千惆怅。在《五月之歌》中，作者抒发了沉浸在幸福的爱情中时，那种对大自然的美丽的感受、快乐和激动。这两首诗的情感是那样纯真、强烈、执着，韵律是那样明快、铿锵、优美，笔调是那样潇洒、流畅、深沉！这些优美动人、传唱千古的诗作，既是他纯真爱情的结晶，也是他思想和文学开始走向成熟的标志。

多才多艺的文学巨匠　**歌德**

歌德曾为与布里女襄的相爱而无比陶醉,两人也曾信誓旦旦,要天长地久,可是,到了第二年的夏天,歌德便离布里女襄而去,当时,纯洁天真的布里女襄流着热泪送走了骑着马儿离去的歌德。据说,布里女襄后来一直没有结婚,在她那可爱的家乡守望着远去了的爱情,度过了自己孤寂的一生。

这里,我们看到了歌德对爱情不甚专一的一面,但同时我们也不应简单地把他看成一个游戏人生的轻薄儿。早在歌德与布里女襄热恋当初,歌德便在内心世界产生了极大的矛盾和恐惧:一方面,他渴望这种爱情;另一方面,他又担心自己掉入爱情的小天地里不能自拔,因为他还有许多未竟的事业要去奋斗。是在爱情的小天地里沉沦下去,还是挣脱爱情的羁绊在痛苦中新生,并在人生的道路上自强不息,这是他当时进退两难的抉

→斯特拉斯堡的圣母院

择。经过一段时间的冷静思索，歌德做出了理智的选择。这正如他后来自己所做的分析那样："如果一个人长期地囿于狭小的圈子里，那他的精神和气质就要受到损害，最终变得碌碌无为，并且懒于振作起来。"虽然如此，在歌德的感情深处，他深深地感到对不起布里女襄，而且这种内疚几乎伴随他终生，他继续用他独有的

←伏尔泰

人生方式，用诗歌和戏剧去做忏悔。在他所创作的《葛丝》《格拉维果》《浮士德》等作品中，都对那些心地善良的女主人公给予了深深的同情和热烈的赞颂，对那些负情郎则进行了鞭挞和幻想式报复。这也许是我们这位伟大诗人表达爱情的一种独特方式吧！

在歌德离开布里女襄8年后的1779年，他拜访过布里女襄一家，并且受到了友好的接待，还和布里女襄作了友好的道别。8年前，他还是一个刚刚毕业的大学生；而8年后，当他再次出现在布里女襄面前时，他已是魏玛公国的一名大臣，是一个在政治舞台上大

多才多艺的文学巨匠　歌德

显身手的政治家了。时间老人早已平复了他心灵的创伤,当他与自己曾经热恋的姑娘再次重逢后,心中已经掀不起任何波澜了。这也许是他开始成熟与世故的标志吧!

歌德在斯特拉斯堡虽然仅仅停留了一年半,这在他漫长的人生旅途中不过是短暂的一瞬,但是,这段生活与学习,对他的终生乃至整个创作生活起到了十分有益而深远的影响。他不仅经受了爱的洗礼,而且在政治思想和文学榜样等方面,找到了自己的参照系与目的物。更为重要的是,他积蓄了满腔的政治热情和创作欲望,这使他在随之到来的"狂飙突进"文学运动中,能够高举战旗,进而成为德国文坛的一员主将。

→ 《浮士德》

文学艺术家卷　027

相关链接
XIANGGUAN LIANJIE

莱比锡大学创建背景

在欧洲,除了业已存在的大学外,13世纪新建的大学都是由教皇倡议并设置的,进入14世纪,欧洲各地的君主纷纷开设属于自己的大学,但仍必须获得教皇的认可,欧洲大学的数量迅速增加。1378年——1417年发生了教会大分裂,这对欧洲的政治版图和大学布局产生了深远的影响。因为这场教会大分裂,原本聚集在巴黎的来自欧洲各地的师生旗帜鲜明地站到了各地所支持的教皇那一边,尖锐的民族对立和宗教信仰冲突导致了德国师生大规模地离开巴黎大学返回故乡,由此促成了德国内一大批大学的出现。德语圈地区在教皇的大力支持下,14世纪后半期出现了一场新建大学的运动,这批新大学都获得了教皇颁发的特许。

1409年布拉格查理大学发生了同样的分裂情况,许多在布拉格的教师和学生因此返回德国。在这样的背景下,图林根的方伯侯爵、韦廷王朝的边伯侯爵、后来的萨克森选帝侯腓特烈一世（1370年4月11日——1428年1月4日）和他的弟弟韦廷王朝的边伯侯爵威廉二世（1371年4月23日——1425年3月30日）于1409年创建了莱比锡大学，当时的校名为AlmamaterLipsiensis，大学设立的艺术系接收了从布拉格回来的师生，莱比锡大学获得了当地统治者的大力资助，并在同年9月9日获得教皇亚历山大五世的认可，12月2日正式成立。

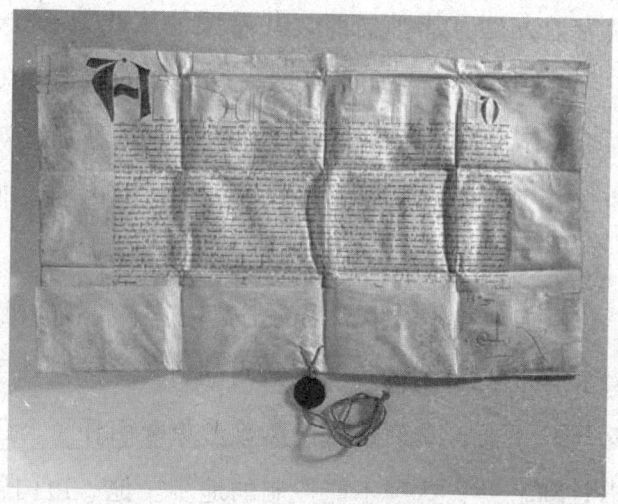

教皇亚历山大五世批准莱比锡大学建立的文书

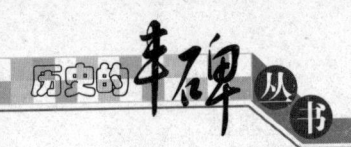

非凡的才华与抱负

> 气宇恢宏的天才一直想超越他自己的世纪，但一意孤行的才能总是屡次被牵绊。
> ——歌德

1771年7月，歌德戴着法学博士的辉煌头衔回到了他的故乡。父亲对儿子的学业有成感到欣慰，于是赶紧为他办理了律师执照，并希望他从此安身立命，早成大业，但一向思想活跃、青春气盛的歌德却怎么也安静不下来。他本来对法律就不感兴趣，加之对律师的事务采取应付态度，因此前来找他办事的人非常少，门庭冷落，寂寞孤单，生活过得枯燥无聊。

苦闷与孤独是滋生文学的土壤。一个偶然的机会，他借来16世纪有名的骑士葛兹写的自传——《铁手骑士葛丝》一书，立刻被这位英雄形象吸引住了，创作欲望急剧上升，达到不能控制的地步。他一边构思着生动的情节，一边把自己认为最精彩的地方讲给他的妹妹听。经过多日构思，在妹妹的催促鼓励之下，他用6周时间完成了剧本《葛兹·冯·伯利欣根》，这

多才多艺的文学巨匠 **歌德**

时,他年仅24岁。剧本完成后,他立即将手稿寄给了他的文学启蒙老师赫尔德尔,赫尔德尔在回信中说:"是莎士比亚毁了你。"足见他对歌德的鼓励和肯定。1773年,歌德这部伟大的处女作自费印刷问世。就是这部不能挣大钱的作品,一举轰动了整个德国,同时也把德国文学的一场革命推向了高潮。

葛兹本是16世纪的一个没落骑士,他反对贵族和封建割据,同情广大被压迫者。当时,正是德国农民革命战争时期,葛兹抱着建立一个依靠骑士的皇权国家的政治理想,积极参加了农民起义军,并担任军事指挥官。但是,由于他和农民起义军在政治、思想和道德上的貌合神离,终于在关键时刻向敌人妥协投降,

→德国城市风景

被囚禁在教堂里，直到老病而死。

歌德在剧本中把历史上的葛丝加以理想化和典型化，进而把他描写成一个反抗封建和暴政的民族英雄，并在故事情节上进行了虚构和夸张。

在剧本中，葛兹是雅克斯特豪森的世袭领主。他为人刚强正直，见义勇为，一身侠气，对诸侯的专横强暴深恶痛绝，终生致力于维护皇权，削弱诸侯，并为平民百姓除害。他的右手在战斗中受伤折断，后来便安上了一只假的铁手，因此他得了一个雅号——"铁手骑士"。葛兹的所作所为，引起了诸侯们的深仇大恨，他们联合起来，收买了葛兹少年时代的朋友魏斯林根骑士，由他来与葛兹抗衡。在一次敌我力量悬殊的激战中，葛兹不幸中计被俘，被囚禁在狱中，葛兹的妹妹济金根闻讯赶来，把他救出虎口。这时，爆发了惊天动地的农民起义，葛兹毅然参加了起义军，后来做了起义军首领。但是，身为贵族的葛

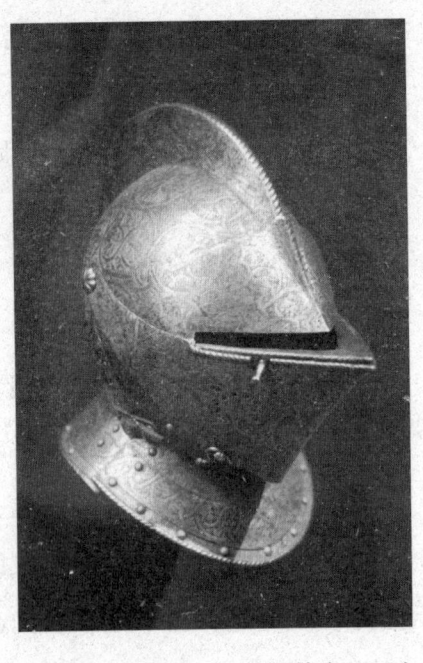

↓16世纪骑士使用的头盔

多才多艺的文学巨匠　**歌德**

→这座奢华城堡是1912年某德国贵族所建

兹与农民起义军步调很难合拍,最后一个人离开了起义队伍。农民军内部很快便发生了内讧,进而被魏斯林根全面击溃,受伤的葛兹再一次被投入监狱,由于伤势过重,不久便死在牢中。

这个剧本的主题思想,在政治上集中体现当时德国人民渴望自由和国家统一的民族意志和愿望。所以,剧本一经出版便风行全国,尤其是青年人都争相购阅。青年歌德的名字一时间几乎是家喻户晓,歌德由此一举成名,并成为德国文学"狂飙运动"的代表人物。"狂飙运动"是18世纪德国文学青年所掀起的一次反封建的文化思想运动,因当时的剧作家克林格尔的剧本《狂飙突进》而得名。这是一次全国性的文学运动,

文学艺术家卷　033

时间大体在1770年到1775年间。这次运动从本质上讲，它是一次资产阶级的民族民主运动。当时，软弱的德国资产阶级还没有取得政治上的发言权，便在文学领域提出了自己的革命要求，用文学手段表达他们对封建专制主义的反抗，并对德国政治上的分裂割据进行抗议。当时，踊跃参加这一运动的大都是一些血气方刚的文学青年，他们崇尚一种躁动情绪，鼓吹"在狂飙中忘怀一切"。《狂飙突进》中的青年主人公这样呼吁道："让我们发狂大闹，使感情冲动，好像狂风中屋顶上的风标。在粗野的吵闹中我不止一次地感到畅快，心中仿佛觉得轻松。"这种"狂飙式"的革命激情曾经席卷德国大地。

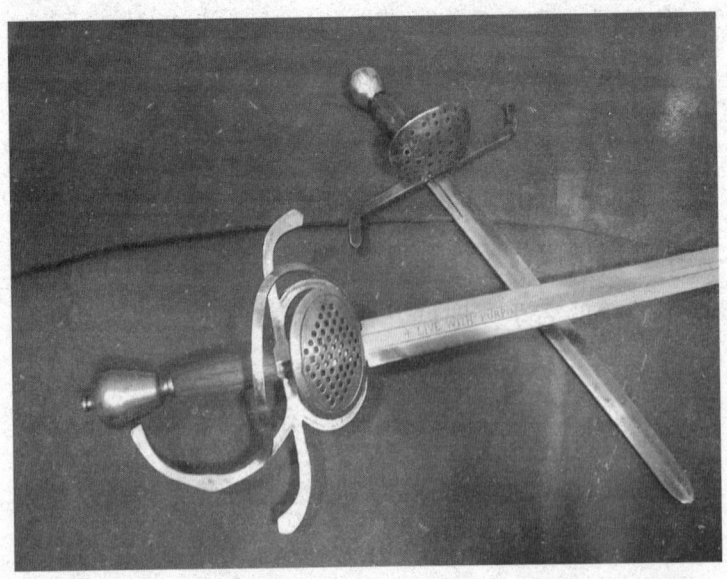

↓16世纪骑士佩戴的长剑

多才多艺的文学巨匠　歌德

歌德的《葛兹·冯·伯利欣根》可以说是"狂飙运动"的第一部成功之作。值得指出的是，以葛兹为代表的"狂飙运动"革命者，他们反对丑恶的现实，却不能科学地面向未来，而是掉过头来回顾着过去，企图重温中世纪神圣罗马帝国的旧梦，使社会在皇帝的统治下实现宗法家长式的联合。因此，他们惧怕农民斗争，最后终于脱离民众，在孤军奋斗中走向失败。这反映出"狂飙运动"的局限性和不彻底性。

歌德的这个剧本在艺术创作上也很有特色，他勇敢地打破了古典主义"三一律"的戒律（即每剧限于单一的故事情节，事件发生在一个地点，并于一天之内完成），整个剧情自由自在地展开，如同生活本身那样真实可信。剧中人物众多，情节错综复杂，时间跳跃发展，地点迅速更迭，场面恢宏壮观，几乎使人目不暇接，

根据"狂飙突进"运动代表人物席勒的《阴谋与爱情》改编的德国原版话剧《阴谋与爱情》剧照

俨然给德国文学吹来了一阵浩荡东风，顿时使人为之一振！

在《葛兹·冯·伯利欣根》轰动德国文坛的同时，我们这位伟大的作家又正在酝酿构思一部新的剧作，那就是著名的《普罗米修斯》。虽然这部剧作他始终未能

←德国首都柏林最高法院

完成，仅仅写了两幕就中断了，但根据他晚年的回忆和前两幕的描写，也能看出他所要描写的普罗米修斯，是一个反抗天上的皇帝宙司和奥林匹克众神的革命者形象，与反封建的葛兹在思想和血脉上是息息相通的。

1772年5月，歌德又一次听从父亲的教诲，前往当时的帝国法院——魏茨拉高等法院实习，以便能有更高的声望和职位。这座城市幽美的风光一度吸引了歌德，但那里庸俗的社会关系、腐败的司法制度和种种官场黑幕却引起了他的憎恶。

这年6月，在一次舞会上，他认识了一个法官的女儿，名叫夏绿蒂·布胡，歌德对她一见倾心，再一

多才多艺的文学巨匠　**歌德**

次达到了无法控制自己的程度。后来歌德才知道，这位年轻可爱的少女是歌德的好友凯斯特涅尔的未婚妻。凯斯特涅尔非常赏识歌德的才华，尊重歌德的为人，虽然知道歌德正在恋着自己的未婚妻也并未在意，他把歌德称之为夏绿蒂的一个崇拜者，他深信夏绿蒂是爱他的。爱情的绝望使歌德痛苦难言，理智与感情的矛盾冲突使他的精神几乎达到了崩溃的地步。他一度想到自杀，他曾将一把磨好的匕首放在枕下，并一再用它对准过自己的胸膛。值得庆幸的是，我们这位伟大的作家终于从情海爱河中爬了出来。

1772年9月11日，他不辞而别，离开了夏绿蒂和好友凯斯特涅尔，带着感情上的深痛创伤，回到故乡。不久，又传来了他的朋友耶鲁撒冷失恋自杀的消息，这对他无疑又是一次精神上的沉重打击。耶鲁撒冷是歌德在莱比锡

→ 德国建筑

文学艺术家卷　037

← 歌德教堂

大学时的同学，由于他与一个朋友的妻子产生爱情，又无法实现，便假说要去旅行，借了朋友的手枪，在一天夜里自杀身亡。第二年，夏绿蒂与凯斯特涅尔正式结婚；1774年，歌德的另一个年轻女朋友也与一个已有儿女的老头子结了婚。

这种种事情的巧合，加之他内心十分的不平静，于是他再次决定用艺术来抒发内心的郁结与苦闷。从1774年2月开始动笔，仅仅用了4个星期，便一气呵成写完了书信体小说《少年维特之烦恼》，几个月后便公开出版了。

小说的情节比较简单：主人公维特是个富有市民的儿子。一年春天，他离家出走，来到一个陌生的小

多才多艺的文学巨匠 **歌德**

城市,在一次舞会上,他认识了美丽聪明的姑娘绿蒂,绿蒂的音容举止,使维特神魂颠倒,绿蒂对维特也十分倾心。绿蒂的未婚夫阿尔伯特归来了,使维特的处境很尴尬,他经过一番痛苦悲伤的折磨和激烈的思想斗争,终于理智地离开了绿蒂。他按照母亲的意志,担任了公职秘书的职务,并希望以此开始新的生活。但是,上流社会中的贵族们非常看不起他,这使维特感受到莫大的耻辱,终于愤然辞职而去。维特一度想去参军,并因此来到一位与他比较要好的侯爵的田庄。侯爵担任着军职,却是一个十分浅薄的人,只重视维特的才智而忽略他的感情,维特跟他无法相处,仅仅

→少年维特之烦恼——歌德作品精选

住了8天就一走了之。维特在现实生活中再三碰壁,一年后,他又回到了绿蒂身边。此时,绿蒂已经结婚,她丈夫虽然平庸,但有可靠的职业和较多的收入,她感到满足,同时

文学艺术家卷 039

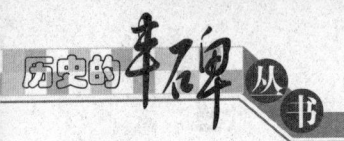

她逐渐意识到只有维特才是她最为理想的配偶，但是她要忠于丈夫，不得不疏远维特。绿蒂的态度使维特失去了最后一线希望，他给绿蒂写了一封信，然后便开枪自杀。

《少年维特之烦恼》的问世，在德国文学史上具有划时代的意义，它不仅使才华横溢的歌德一跃而为享誉全欧的大作家，而且也为德国文学在世界文苑中争得了重要的一席之地。恩格斯曾经这样评价道："歌德写成了《少年维特之烦恼》，是建立了一个最伟大的批判的功绩。"《少年维特之烦恼》一经发表，很快风靡了整个欧洲。维特成了几代人共同崇拜的偶像，许多青年男女随手携带阅读，有的受这本书的影响，甚至仿效维特殉情自杀；一些怀才不遇、情场失恋的知识分子纷纷效法维特，有的甚至以穿着维特的蓝上衣、黄背心作为一种时尚；一些文坛老将，也纷纷发表赞赏的评论，称歌德是天才，一时间掀起了一股"维特热"。

面对一些青年对维特的盲目崇拜而轻生自杀，歌德内心感到十分不安，这也是他始料未及并且坚决反对的，因为他本人就是努力克服了这种思想危机之后才得以自拔的。所以，他在小说再版时，分别在第一篇和第二篇之前各写了一首题诗，以提醒人们不要盲

多才多艺的文学巨匠 歌德

从。其中一首诗写道：

> 可爱的读者哟，你哭他，你爱他，
> 请从非毁之前救起他的声名；
> 请看，他出穴的精灵在向你目语：
> 做个堂堂的男子，不要步我后尘！

《少年维特之烦恼》一书为什么能引起这么大的反响呢？原因是多方面的，但一个主要的原因，是维特这个"狂飙运动"时代的代表性人物，他在爱情与事业上的双重苦闷与烦恼，是这个时代的烦恼和苦闷的形象写照。他出身市民家庭，思想敏锐，才识过人，感情丰富；他崇尚的是资产阶级的"个性解放"、"感情自由"、"平等博爱"等理想，他珍重的是真诚自然的感情，喜爱的是天真无邪的童贞，追求的是纯洁高尚的爱情。但是，当时的社会残酷地扼杀了他的理想和热情，并使他四处碰壁；他对贵族阶层的种种丑恶言行、虚伪道德深恶痛绝；加之他和绿蒂的爱情走向绝望的深渊。这些，他既不愿意同流合污，又不堪受侮辱委屈，更不能改变生存的环境和地位，这样便陷入了错综复杂的痛苦矛盾之中，最后他只有以自杀来寻求解脱，来表达对社会和命运的抗议。

文学艺术家卷 041

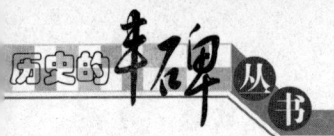

　　这部小说是德国第一部在欧洲、在世界引起轰动的文学作品。此书出版的当年就有了法文译本；到18世纪末，法文译本有15种，英文译本有12种，意大利译文有3种，俄文、西班牙文译本也有十几种。1930年，郭沫若将此书译成中文，此后便有多种中译本。《少年维特之烦恼》已经成为中国读者，尤其是青年读者喜爱的作品之一。

　　《少年维特之烦恼》不仅使歌德的文学天才脱颖而出，而且给他带来了崇高的荣誉，一时间，慕名来访的人络绎不绝。一天，年轻而开明的萨克森——魏玛公爵卡尔·奥古斯特途经法兰克福，这位公爵十分钦

天才的插图画家多雷为名著《堂吉诃德》所做的插图

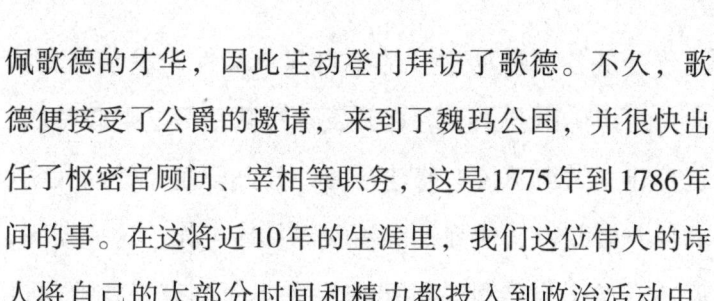

多才多艺的文学巨匠　**歌德**

佩歌德的才华，因此主动登门拜访了歌德。不久，歌德便接受了公爵的邀请，来到了魏玛公国，并很快出任了枢密官顾问、宰相等职务，这是1775年到1786年间的事。在这将近10年的生涯里，我们这位伟大的诗人将自己的大部分时间和精力都投入到政治活动中，并渴望在政治事业上大展宏图。

魏玛公国是当时德国许多诸侯小国之一，面积仅有36平方英里，人口10万，有一支几百人的军队。站在全国唯一的高大建筑物——宫殿的阳台上，便可以将全国尽收眼底。魏玛公国虽然弱小，可它的统治者的视野却十分开阔，孀居的女公爵阿玛丽和她的儿子卡尔·奥古斯特十分看重文化，较为开明。他们一心想把魏玛建成德国的文化中心，他们先后延聘了德国的知名诗人魏兰特、《堂吉诃德》的德文译者伯尔吐赫等人来到魏玛。歌德来到魏玛后，由于他的荐举，赫尔德尔、席勒等人也相继被聘入围，这使魏玛公国在当时的德国文化领域占有较为重要的地位，因而创造了德国文学史上最为繁荣的时期——古典文学时代。

奥古斯特的诚待和器重，激发了歌德要对社会有所作为的政治理想与事业冲动。直到1786年前往意大利，他实质上一直主持着公国政务。

在这期间，歌德以十分饱满的热情投入到管理公

文学艺术家卷　043

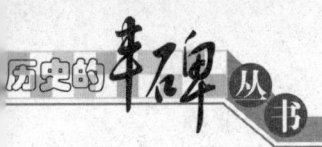

国政务的各项活动中。他亲自起草文件，参与外交活动，组织矿山开采、森林开发、军队精简、财政整顿，负责建立纺织学校、修建公路、开办剧院、赞助大学、减轻农民赋税、加强社会治安等具体工作。这一期间，他还开始了自然科学的研究，大胆而饶有兴致地闯进了植物学、气象学、解剖学、光学等领域，并通过大量实验，写下了大量文章，在一些领域还有独创的成就。实实在在地说，一个伟大的文学家，能够拿出这么多时间从事政务活动，并以极大的兴趣进行自然科学研究，这在中外文学史上是不多见的。

但是话又说回来，有所得必然有所失，这10年，是歌德文学创作上的沉默与荒芜时期。不计其数的琐碎政务，庸俗贫乏的宫廷生活，尔虞我诈的人际关系，

←德国城市——魏玛

多才多艺的文学巨匠　歌德

既在耗费他的时间、精力和智慧，同时也在无情地吞噬着他文学上的天才和激情。他开始厌倦，开始疲惫，开始呻吟，开始思索，直到幡然省悟，清醒地认识到他这个人还是为诗歌和艺术而生的，再不离去，他的文学天才将被庸俗所埋葬！

于是，1786年9月3日凌晨，他只身一人登上一辆驿车，怀里揣着一张填了假名字的护照，悄悄地离开了魏玛，前往他童年时便无限向往的意大利古城罗马。他的去向，他的化名只有他那忠实的仆人兼秘书才知道，这时，魏玛公国走失了一位官高位显的大臣，而在通往古罗马的大道上，却多了一个化名约翰·梅勒的画家。

→ 古罗马建筑遗址

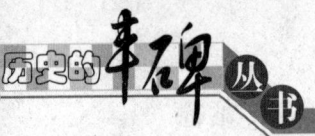

相关链接
XIANGGUAN LIANJIE

狂飙突进运动

狂飙突进运动，又称"狂飙运动"，发生在18世纪70年代到80年代中叶的德国，历时15年，它是文艺形式从古典主义向浪漫主义过渡的阶段，也可以说是幼稚时期的浪漫主义。其名称来源于音乐家克林格的歌剧《狂飙突进》，但其中心代表人物是歌德和席勒，歌德的《少年维特之烦恼》是其典型代表作品，表达的是人类内心感情的冲突和奋进精神。这个运动持续了20多年，从1765年到1795年，然后被成熟的浪漫主义运动所取代。

狂飙运动是德国新兴资产阶级全国性的一次文学运动，也是启蒙运动在德国的延长与继续，启蒙运动的主要倾向，都在运动中得到发展与加强。"狂飙突进"这个名称，象征着一种力量，含有摧枯拉朽之意，克林格尔在1776年出版的悲剧《狂飙突进》宣扬反抗精神，剧中的青年主人公维尔德这样说："让我们发狂大闹，使感情冲动，好像狂风中屋顶上的风标。"

多才多艺的文学巨匠　歌德

当时的德国，有一批初登文坛具有反抗封建专制斗争精神的青年知识分子，他们受到启蒙思潮的影响与鼓动，想在落后的德国掀起一场风暴，要求自己象狂飙一样冲破社会的黑暗，因而组织一个同名的社团。他们以"天才、精力、自由、创造"为中心口号，要求摆脱封建传统偏见的束缚，主张个性解放，呼喊着民族意识的觉醒，并与法国启蒙思想家卢梭倡导的"返归自然"的观点相呼应。

狂飙运动的领袖、文艺理论家海尔德尔提出的"天才不须规律"的口号，成了他们共同的信条。这场运动，实质上是德国新兴资产阶级对腐朽的封建主义意识形态的一次有力冲击，虽然它来势凶猛，但不深入持久，犹如昙花一现，瞬即消逝。因为狂飙突进运动的参加者没有明确的政治纲领，他们的反抗往往流于无政府的暴乱情绪。由于当时德国资产阶级的软弱性和妥协性，使得这个运动没有能够发展成为政治革命，他们提出的一些改革社会的要求，都未能改变当时的客观现实，而只限于呼唤反抗封建意识的范畴，而且狂飙运动的参加者也含有远离人民群众、好高骛远、宣扬个人英雄主义等不良因素。尽管这样，他们反封建的旗帜是鲜明的，激情是高涨的，在推动德国新文学发展方面的历史功绩也是应该肯定的。

青年时期的歌德和席勒都从参加"狂飙运动"的狂热反抗开始登上文坛，以自己卓越的艺术创作，把德国文学从狭隘的范围引入欧洲文学的广阔领域。狂飙运动的作家运用得最多的文学体裁是戏剧，歌德的《铁手骑士葛兹·封·柏里欣根》和席勒的《阴谋与爱情》，就是狂飙运动的代表作。

狂飙运动在小说方面影响最大的作品是歌德的《少年维特之烦恼》，这部小说讲的是一个18世纪感伤的爱情故事。歌德的这部小说发表后，不仅在德国，而且在全欧广为流传，欧洲的各国青年一时形成"维特热"，歌德闻名全欧。歌德花了60年时间，直到1831年才完成的诗剧《浮士德》，使歌德成为世界上第一流的名作家。《浮士德》是德国启蒙文学成就的最高标志，同时，也为德国文学在全世界范围内争得了巨大的声誉。

狂飙运动对当时和以后的音乐和美术创作也

多才多艺的文学巨匠　**歌德**

产生了巨大的影响,音乐受到了狂飙运动的影响,开始出现追求解放和自由的风潮。18世纪70年代到80年代,涌现出了大量此类作品,如海顿的《第101》、莫扎特的《钢琴奏鸣曲K331》等。狂飙运动的音乐作品的特色是用非理性创造崇高,旋律看似混乱,实际塑造了一种非理性的崇高感。

海顿的《第101》第二章

逃避与探索

> 历史给我们的最好的东西就是它所激起的热情。
>
> ——歌德

游览意大利是歌德多年来的夙愿。他从威尼斯、佛罗伦萨直奔古罗马，一路上，那雄伟壮观的古罗马建筑遗迹，那耸入云天的中世纪哥特式教堂，那丰富多彩的文艺复兴时期的油画和雕塑，以及那和谐优雅的意大利古典悲剧，都极大地吸引振奋了歌德，令他目不暇接，惊叹不已。

在意大利旅居的2年时间里，他先后游历了威尼斯、佛罗伦萨、那不勒斯等著名城市，并在罗马住了较长一段时间。这期间，他第一次接受古代艺术的全面熏陶与系统洗礼；在和煦的阳光下，他重读了《荷马史诗》，别有一番感受；在观赏古罗马遗迹时，他深深地为古典文明所慑服；他结识了许多绘画艺术家，并曾一度对绘画着了迷，以致有一次他在威尼斯和奥地利边境写生时，被误认为是间谍而遭到了逮捕。这

多才多艺的文学巨匠　**歌德**

一切使歌德对艺术和文学有了更为深刻的理解和认识。他在给赫尔德尔的信中这样评价荷马:"荷马的东西就像摘掉了我眼睛上的障眼罩一样。描写、比喻等等,使我们感到富有诗意,而且是那样说不出来的自然,但却带有一种令人惊异的纯洁和真挚的特色,甚至那些最荒诞不经的骗人事件(奥德赛),都有着一种我从未感觉到的那样自然,犹如站在被描述的事物的近旁一样。"在此基础上,他还对包括自己在内的"狂飙运动"时代的文学理论与实践,进行了重新的审视。他在信中继续写道:"让我简短地表达我的思想:他们(指古代人)表现存在,我们却通常去表现效果;他们描写恐怖,而我们是恐怖地去描写;他们描写舒适,我们是舒适地去描写,如此等等。这样一来,一切夸

→意大利建筑

← 意大利罗马

张的、一切俗套的、所有虚假的优雅、所有的矫饰都出现了。"这清楚地表明，意大利之行，使他对自己青年时代的文学创作进行了批判性回顾，进而得出一条结论：艺术应当挖掘人的内心世界，从那里寻找人类的美善和理想，并以此形成完美的人性，用来教育人，用来改造现实。这标志着歌德已从排斥客观、崇尚自我的"狂飙运动"时代走出，开始转向风格纯朴、面对现实的古典主义文学了。

在这种文学观念的影响之下，歌德先后创作了3个剧本，分别是《爱格蒙特》《伊菲格尼亚在陀立斯岛上》和《塔索》，这些作品虽然各具特色，但其中浓郁的古典主义倾向是共通一致的。《爱格蒙特》描写的是16世纪荷兰人民反对西班牙侵略者的斗争故事，主人

多才多艺的文学巨匠　**歌德**

→威尼斯著名的圣马可广场

公爱格蒙特是荷兰民族利益的代表者，他热爱人民，热爱祖国，坚决反对外来侵略，深得民众的拥护与爱戴，但是他身为贵族，又害怕暴力革命，极力主张妥协退让，用合法手段争取自由。他曾告诫群众要"好好在家守着，不要在街上聚众滋事。"结果落入敌人的圈套，被西班牙侵略者所杀。爱格蒙特被捕后，他的妻子克蕾尔欣曾呼吁市民起义，企图把丈夫救出，但因没有成功，而服毒自杀了。爱格蒙特和葛兹一样，他们都具有人道主义精神，并渴望自由，但却都把斗争的目标放在建立一个"开明君主制"的王朝上，不是站在人民一边，而是徘徊动摇于人民与皇帝之间，最终，获得个在妥协中灭亡的下场。由此可见，歌德

文学艺术家卷　053

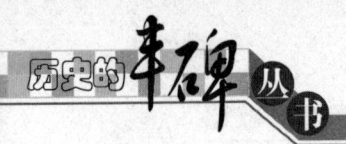

虽然批判地总结了自己以往的创作，但是在这个剧本中仍然留有狂飙精神的残痕。

1788年3月17日，歌德收到他的启蒙老师赫尔德尔的来信，信中催促他尽快回归祖国。他虽然在意大利仅有两年光景，但却对这一古国产生了浓烈的依恋之情，就在启程归国的前两周，他几乎每天孩子般地哭泣，几乎不能自持。为了纪念这次具有特殊意义的旅行，临别前他在罗马栽植了3棵树，直到4月25日，才踏上了归途。

1775年，刚刚踏上魏玛公国领土的诗人，当时是意气风发，朝气勃勃，有如一轮喷薄东升的红日；10年后，也就是1786年，他拖着身心都已疲惫至极的躯壳偷偷地逃出了魏玛这座小城；经过两年的意大利文

←荷兰风景

多才多艺的文学巨匠　**歌德**

明的洗礼和激励,他又重新振作起来,周身充满着青春活力和创作激情,虽然此时他已是40岁的人了。在归国的漫漫旅途中,他目送着意大利和煦的阳光渐渐向身后闪去,同时也本能地预感到,来自德意志方面的混浊空气,正一阵浓似一阵地向他吹来,犹如一个久染沉疴的患者,经过在意大利两年间的疗养,如今他已是伤痕痊愈,红光满面,有如一只迷途失群的羔羊,经过长途的辗转跋涉,终于又回到了自己的家园。这一次,更加坚定了他要做一个一流艺术家的志向,而且对未来充满了无比的自信与希望。

歌德第二次回到了魏玛,迎接他的不仅是魏玛阴郁的天空,而且还有周围人们投来的陌生的目光,他有心向所有的人倾诉衷肠,但又缺少真正的知音。相

→西班牙建筑

比之下，奥古斯特公爵倒是颇为理解诗人的种种苦衷，他解除了诗人的一些职务，但仍保留了他在内阁中的职位和薪金，并且只把文化艺术上的事务交给他。这使他有足够的时间和精力来从事文学创作和科学研究。但是，心绪烦躁、精神压抑依然笼罩着他的生活氛围。不过没有多久，一个少女鬼使神差般地出现在他身边，情形开始有了改变。

一天，歌德在公园里散步，一个年轻的姑娘迎面向他走来，同时递给他一份材料。这位年方23岁的少女虽说不上十分美丽俊俏，但却周身洋溢着青春的朝气，引人喜爱，她性情欢快，活泼热情，朴素大方。在阴沉的魏玛竟有这样一位开朗动人的姑娘，这使歌德的眼前为之一亮。这位少女名叫乌尔庇尤丝，出身

←意大利建筑

多才多艺的文学巨匠　**歌德**

卑微，在一家花店做工，她代替弟弟递上一份工作申请，希望得到歌德的帮助。已经进入人生第40个年头的歌德对她一见倾心，不久便把她带到家里，并称她是一朵"小野花"。

闻名全欧的诗人、魏玛公国的枢密顾问竟然同一个出身微贱、略通文墨的女工同居，这无论在宫廷还是社会，都是一个爆炸性新闻，而人们的非议与攻击也便可想而知了。虽然如此，歌德依然我行我素，深深地爱着乌尔庇尤丝。第二年，他们有了一个儿子，奥古斯特作了孩子的教父，因此取名奥古斯特。在以后的岁月里，乌尔庇尤丝还生了4个孩子，但奥古斯特是唯一活下来的。这位平凡善良的女人从未给歌德的思想制造任何干扰和影响，一直默默无闻地生活劳动在歌德的身边，她承担了全部的家务，用自己的勤

→ 魏玛古城的典型建筑

文学艺术家卷　057

←法国大革命油画《自由引导人民》

勉和体贴,使歌德得到了家庭的温暖,她把自己的一生无私地奉献给了我们的诗人。她负担着一个家庭的重担,同时还要面对宫廷与社会对她的种种非议与歧视,可她唯一的过错就是她出身寒微,就是她执着地爱着歌德并为歌德所爱。但是我们同时也要看到,歌德敢于去爱一个平民少女,这固然是一种值得钦佩的反叛精神,但乌尔庇尤斯为此也做出了更大的牺牲。歌德与她同居18年后才与她正式结婚,而在正式结婚之前从未把她带入上流社会,他在家庭里招待朋友时从未让她公开露面,使她在家庭的小圈子里过了整整18年的"禁闭"生活。结婚10年之后,乌尔庇尤斯因患病而早逝,时年52岁。就在这位平凡善良的女性逝世的当天,歌德怀着悲苦的心情写下了一首四行诗:

多才多艺的文学巨匠　**歌德**

啊，太阳，你想冲出乌云，
露出光芒，但这白费力气。
我生命中的全部所获，
都为她的失去而哭泣。

歌德在享受了与乌尔庇尤丝苦恋时的种种欣慰与矛盾后，很快梳理了情绪，重新投入工作。当他准备用科学技术和文学艺术来教化社会风俗、促进社会发展时，1789年7月14日，巴黎人民攻打巴士底狱的炮声打响了，震撼整个欧洲的法国大革命爆发了。人类的历史掀开了新的一页，一场声势浩大的资产阶级革命如燎原的烈火迅速燃遍了整个法国，照亮了欧洲。

→《法国大革命史》

资产阶级"自由、平等、博爱"的口号传遍了整个欧洲，这也使德国的进步知识分子在精神上为之一振。一时间，德国也相继出现了俱乐部、"自由树"以及许多歌颂法国大革命的诗文。著名哲学家康德称赞这次革命是一个新的

时代的开始；黑格尔也说法国大革命对于他来说也是一场革命，并亲笔画了一棵自由树；席勒等著名文学家也都相继唱出了充满

←黑格尔

激情的赞歌。十分自然，歌德对这场大革命最初也持欢迎的态度。

　　但是，欧洲各国的封建统治者是十分害怕革命的，他们迅速结成了反法联盟。德意志的各个小邦国也都倾向于反法联盟，有的还赤臂上阵，亲自参与对法战争。1792年，奥地利皇帝和普鲁士国王为了尽快扑灭法国大革命的烈火，以保全自己的封建统治，同法国国王路易十六勾结一处，组成一支进攻法国革命的联军。好大喜功的奥古斯特公爵终于如愿以偿，成了普鲁士的一名将军，在公爵的请求下，歌德随军同行。这支实力雄厚、浩浩荡荡的侵略联军很快开进法国，并迅速占领了凡尔登。歌德对这场战争并不热衷，他一心怀念的是远在魏玛的情人和儿子，他不间断地给乌尔庇尤丝写信，抒发他的思念之情；就是在这炮火纷飞的战场上，他仍然思考着一些自然科学研究课题。

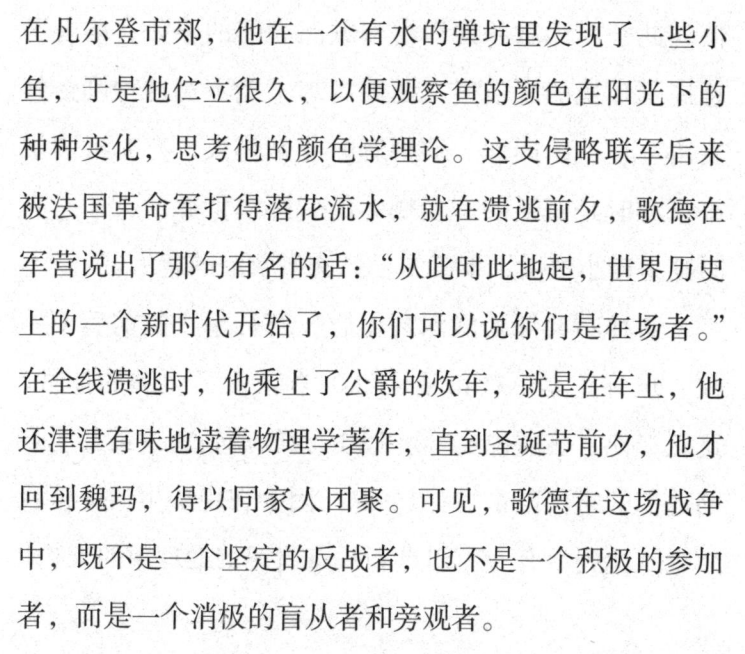

在凡尔登市郊,他在一个有水的弹坑里发现了一些小鱼,于是他伫立很久,以便观察鱼的颜色在阳光下的种种变化,思考他的颜色学理论。这支侵略联军后来被法国革命军打得落花流水,就在溃逃前夕,歌德在军营说出了那句有名的话:"从此时此地起,世界历史上的一个新时代开始了,你们可以说你们是在场者。"在全线溃逃时,他乘上了公爵的炊车,就是在车上,他还津津有味地读着物理学著作,直到圣诞节前夕,他才回到魏玛,得以同家人团聚。可见,歌德在这场战争中,既不是一个坚定的反战者,也不是一个积极的参加者,而是一个消极的盲从者和旁观者。

那么,我们怎样来理解歌德对法国大革命的态度呢?这正如恩格斯所指出的那样:成千上万的德国诗人没有一个不歌颂光荣的法国人民。但是,当他们从法国大革命的风暴中闻到了阶级斗争的血腥味时,当他们看到绞刑架、断头台时,包括歌德在内的一些德国知识分子便开始产生畏惧,继而转为憎恨了。可见,他们对社会进步的要求是改良,而不是革命,并把这种理想和希望寄托在统治者的开明与民主上。后来,恩格斯又在《诗歌和散文中的德国社会主义》一文中这样精辟地分析了歌德在政治与性格上的两重性:"在他心中经常进行着天才诗人和法兰克福市参议员的谨慎的儿子、可敬的魏玛枢密顾问之间的斗争；前者厌恶周围环境的鄙俗气，而后者却不能不对这种鄙俗气妥协、迁就。因此，歌德有时非常伟大，有时极为渺小；有时是叛逆的、爱嘲弄的、鄙视世界的天才，有时则是谨小慎微、事事知足、胸襟狭隘的庸人。"

这种心灵深处的深刻矛盾，言行举止的前后不一致，也许正是歌德鲜活人性的真诚而又生动的体现！这正如他自己所说："最伟大的人物总是通过某种弱点同他们的时代联系在一起的。"因为在现实生活中，我们很难找到没有一丝弱点和一点遗憾的最理想的人物！

←法国国王路易十六在1784年给大卫的订件

多才多艺的文学巨匠 **歌德**

相关链接
XIANGGUAN LIANJIE

罗马文化

古罗马建筑艺术：因为讲求实际，罗马艺术的最高成就体现在无数的公共建筑上。他们修筑了规模浩大的道路、水道、桥梁、广场、公共浴池等设施。最早的罗马建筑艺术来源于希腊，但由于罗马人更注重实用和现实生活的享乐，在希腊主要为神庙增色的技术很快用于为人服务的大型公共建筑，宏伟的竞技场、公共浴室、广场、水道在城市中发挥着重要作用。罗马人爱好奢华，经常在典型的希腊造型基础上加以改造，比如在多利克式柱的柱底再加一个柱基，把爱奥尼亚式柱头上的卷涡造型加在科林斯式柱头上得到复合式柱头，令建筑形式更为繁复华丽。在罗马帝国更强盛的时代，建筑中就开始更多地体现出罗马民族的个性和特点，如拱门与拱顶的大量使用，在建筑史上写下了新的一章。

文学艺术家卷

古罗马雕刻艺术：罗马人在肖像雕刻方面也取得了卓越的成绩。早期作品受了希腊雕刻艺术的影响，人物形象极度理想化。罗马帝国时期，肖像雕刻中写实风格流行，出现了具有强烈的个性和复杂的内心世界描写的肖像。罗马人有为先人雕像的传统，因此对肖像的逼真传神有着极高的要求，在肖像雕刻方面取得了卓越的成绩，《奥古斯都像》就是典型例子：雕刻家把矮小跛脚、体弱多病的奥古斯都表现成高大健美的统帅，具有运动员一般的体魄和英雄气概，脸庞也接近希腊雕刻一般的完美。

古罗马绘画艺术：罗马时期的绘画主要是镶嵌画和壁画，多记载具体历史事件，用来装饰公共场所和住宅。公元79年维苏威火山爆发，火山灰埋没了庞贝及附近的几个城镇，大量珍贵的壁画因此得以完整保存。根据这些壁画，罗马壁画被划分为四种风格，第一风格：砖石结构式；第二风格：建筑结构式；第三风格：装潢式；第四风格：复合式。

多才多艺的文学巨匠　**歌德**

相关链接
XIANGGUAN LIANJIE

魏玛文化

19世纪40年代到20世纪初是魏玛的第二个文化黄金时代。1848年,有"音乐之王"称誉的钢琴大师李斯特(1811年—1886年,匈牙利人)来到魏玛担任宫廷乐长,在这里创作了《但丁交响曲》和《浮士德交响曲》等杰出的音乐作品。同时,李斯特还指挥了同时代作曲家瓦格纳、舒曼、柏辽兹和他自己作品的演出,使魏玛无可争议地成为当时欧洲的音乐中心,李斯特创办的魏玛音乐学院至今仍享有盛名。他的故居在伊尔姆河公园旁边,是一座花园别墅,客厅与琴室合为一体,摆着他当年用过的钢琴。1860年魏玛创办了一所美术学院,德国最重要的印象派画家利贝曼(1863年—1935年)曾就学于此。1919年,建筑艺术家格罗皮乌斯把这所学院和实用美术学校合并为公立包豪斯学校。这是一所融艺术、手艺和技术于一体的

文学艺术家卷　065

新型建筑学校，开创了现代建筑主义学派。1925年，包豪斯学校迁往德绍。1933年以后，许多曾任教的艺术家流亡国外，将他们的思想传播到海外，为各国建筑界所推崇。战后，魏玛又重建了建筑学院，而后这座几经兴衰易名的学校最终在两德统一后的1995年到1996年间重新复名为包豪斯，成为著名的公立综合设计类大学性质的学术机构。

　　魏玛不仅曾是德国文化艺术的心脏，而且还曾在政治史上留下烙印。第一次世界大战后，德意志皇冠落地，王侯们也纷纷退位。1919年德国国民议会在魏玛制订了第一部共和宪法，民族剧院就是通过该宪法的会场。人们把这个宪法称为魏玛宪法，依宪成立的共和国为魏玛共和国。14年后，希特勒上台，扼杀了魏玛共和国，希特勒时期是魏玛历史上最黑暗的一页，他在这个文化古城西北8公里的布赫瓦尔德设立了臭名昭著的集中营，五六万人在那里丧生，这个集中营遗址已成为控诉法西斯罪行的纪念馆。

多才多艺的文学巨匠　**歌德**

歌德与拿破仑、贝多芬

同时代的伟大人物可比于空中的巨星，当它们在地平线上出现的时候，我们的眼便不禁向它们瞻望。如果我们有幸能分享这种完美的品质，我们便感到鼓舞和受到陶冶。

——歌德

← 拿破仑像

1806年10月，法国军队在拿破仑的英明指挥下，迅速击溃了普鲁士军队，开进了魏玛。这时的歌德，已经是年近花甲的著名诗人了。就在法国军队开进魏玛的当天，两个法国士兵闯进了歌德家里，他险遭不测，幸亏

文学艺术家卷　067

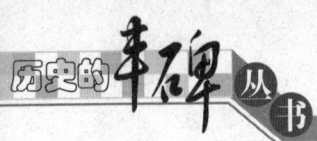

乌尔庇尤丝的勇敢和镇定,才使他平安无事。这件事极大地震撼了歌德的心灵,第三天(1806年),他便与同居了18年的乌尔庇尤丝举行了正式婚礼。婚礼是秘密进行的,当时在场的仅有两个人,一个是他的秘书里迈尔,另一个则是他们已经17岁的儿子奥古斯特。

← 拿破仑油画

我们知道,拿破仑是于1799年登上法兰西共和国执政官的高位的,5年后,他又成了法国皇帝。他具有非凡的军事天才,他指挥的法军一次又一次地击败了欧洲联盟,并把法国的革命思想传播到他足迹所及的地方。他既是压迫统治人民的皇帝,又是法国民族的传奇式英雄,更是摧毁封建制度的革命者。

1808年8月,叱咤风云的拿破仑来到离魏玛不远的埃尔富特城,与俄国皇帝亚历山大举行会谈。这时的拿破仑正处于春风得意时期,几乎整个欧洲大陆都在他的掌握之中,当时,一些诸邦小国的君侯甚至以能亲吻一下这位法国皇帝的玉手为荣幸。诗人歌德当

多才多艺的文学巨匠　**歌德**

然对拿破仑也很崇拜，虽然他从未给拿破仑的名字安上过"伟大的"的这个形容词。这次，歌德陪公爵来到埃尔富特，他主动请求拜见拿破仑，并很快得到了应允。

拿破仑对歌德也十分尊崇。1808年10月2日，这两位世界性的巨星终于碰到了一起，并相互折射出耀眼夺目的智慧光芒。所不同的是，他们一个是驰骋在疆场，并在政治舞台上推波助澜、叱咤风云的政治家；一个是用笔作武器，耕耘在文苑，擅长拨动各民族心弦的艺术大师。

这天早晨，歌德走进了拿破仑的行宫，拿破仑正

此建筑建于1894年，原为德意志帝国和魏玛共和国的国会所在地。

←魏玛火车站

在吃早饭，于是，这两位巨人便开始了平等而自如的交谈。简单的寒暄之后，拿破仑首先称赞了《少年维特之烦恼》一书，说他先后读了7遍。但他同时又说，他认为维特自杀的动机不完全是出于对爱情的绝望，其中掺进了功名心和自尊心受到损害这一因素，这样写有些不真实。

歌德对拿破仑的称赞感到十分高兴和激动，并对拿破仑的批评意见表示十分赞同，但他坚持表白了自己的艺术见解。他说，如果作者为了引起某种效果，而且这种效果又是他在一种简单的自然的道路上所无法达到的，那他使用一种轻易发现不了的艺术手段，这也许是可以原谅的，拿破仑对歌德的解释感到满意

多才多艺的文学巨匠 歌德

和理解。

两个人又探讨了一些艺术上的问题,最终谈到悲剧。拿破仑指出,一个人应当像刑事法庭的法官那样,要聚精会神地观看悲剧的演出,而他感觉到法国的戏剧已经偏离了自然和真实。他又谈到他不喜欢命运剧,他认为命运剧是黑暗时代的东西,人们的现实生活与命运没有什么关系。他强调说,政治本身就是命运。

4天之后,他们二人又再次见面,那是在剧院观看《凯撒之死》。拿破仑邀请歌德访问巴黎,并希望歌德能写一部关于凯撒之死的悲剧。

10月2日那次会见自始至终是亲切轻松的,但是,不无遗憾的是,拿破仑由于一时疏忽,却忘记了请这位年近60岁的老诗人坐下,不过这并未影响歌德和拿破仑的关系。这可以从歌德的《和拿破仑的谈话》一

→ 《凯撒之死》

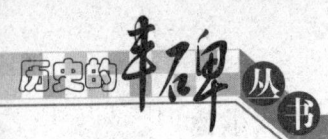

←法国巴黎凯旋门

文中明显看出，因为歌德文章中洋溢着对拿破仑的性格和魄力的敬畏。歌德对待拿破仑的态度，包括他对德法民族战争的态度，后来曾受到过许多人的责难，有的人甚至指责他不爱国。对此，他感到莫大的委屈，并满怀真诚地为自己辩解道："不要以为我对自由、人民、祖国这些伟大的思想无动于衷。不，这些思想在我们心中，它们是我们本身的一部分，没有人能够把它们从自身抛离开。德国在我的心中是温暖的，一想到德意志民族，我经常感到一阵炽烈的痛苦，它在个体是那样值得重视，而在整体上是那样悲惨。"

拿破仑一方面是旧秩序的勇敢破坏者，歌德作为一个文学家，首先看到的是拿破仑那种敢为天下先的

多才多艺的文学巨匠　**歌德**

胆略、气魄和人格，是出于对天才和英雄的由衷崇拜，这一点无可厚非；另一方面，拿破仑又是法国资产阶级的代表，是一个侵略者，这必然要激起德意志民族的仇视。而歌德自幼酷爱法国文学，对法国人民一向怀有好感，他心中所关注的是整个德意志民族的命运，而不是德国封建诸侯对拿破仑的胜利与否。当时他的思想正如后来他自己所总结的那样："我心里没有仇恨，怎么能拿起武器？我当时已不是青年，心里怎么能燃起仇恨？此外，我们为祖国服务，也不能都采用同一方式，每个人应该按照资禀，各尽所能，我辛苦了半个世纪，也够累了。我敢说，自然分配给我的那份工作，我都夜以继日地干，从来不肯休息或懈怠，总是努力做研究，尽可能多做而且做好。"这就是歌德为生养他的祖国所服务的方式和原则，没有耸人听闻的誓言和不切实际的许诺，如此真诚

→德国风光

而又十分亲切！就在歌德怀着对拿破仑崇敬的心情，拜会了这位世界伟人4年之后，闻名世界的伟大的德国作曲家贝多芬，也怀着同样的尊敬和崇拜之情拜见了歌德。不过，这两位

←贝多芬

德国名人会见的地点却是在捷克的疗养胜地泰普里茨，正所谓"他乡遇故知"了！

1812年7月，歌德跟随奥古斯特公爵来到捷克的泰普里茨，当时德意志和奥地利的王公贵族都以疗养为借口来到这里，举行反对拿破仑的秘密会议。当时，贝多芬已是闻名世界的音乐家，他为了治疗越来越严重的耳病，来到这里疗养。贝多芬比歌德小21岁，早在青年时代，他便怀着激动的心情拜读过歌德的《葛兹》《少年维特之烦恼》等作品和一些富于韵律感的抒情诗，他曾把其中一些抒情诗谱成歌曲，比如著名的《迷娘曲》（《你可知道那个地方？》）等作品。1810年，他还为歌德的《埃格蒙特》谱写了音乐。他景仰歌德，渴望和歌德结识，他曾对自己的一个崇拜者，

多才多艺的文学巨匠　**歌德**

也是歌德的一个女友说道:"音乐是使精神生活得以被感知的一个媒介。我要同歌德谈论这个问题,他会理解我吗?"这次谈话之后,贝多芬让他的这个崇拜者写信给歌德,表达对他的尊敬之情。歌德后来在复信中对这个女友说:"转达我对贝多芬的衷心感激,我高兴同他结识,交流思想和感受肯定会带来益处。"贝多芬看到了这封信后,高兴地喊了起来:"如果有谁能使他理解音乐,那就是我!"贝多芬的这个崇拜者,也是歌德的女友,即德国浪漫主义作家贝蒂娜,她是一个极富浪漫气息、放荡不羁的才女。正是由于她的介绍,才使德国文坛和乐坛的两大伟人得以结识与晤面。

1812年夏天,这两位伟人终于见面了。贝多芬给

→ 捷克建筑

文学艺术家卷　075

歌德留下了很深的印象，歌德在给妻子的信中这样描写着贝多芬："他的才能使我惊奇，可惜的是他是一个放荡不羁的人物，如果他觉得世界可憎，那他不是没有道理的，当然这对他自己也对其他人都不会带来愉快的。应该谅解

←贝多芬作品

他并为他惋惜的是他的听觉在丧失，也许这对他音乐方面带来的损害要比社交方面要少得多。他生性言语简洁，而由于这种缺欠就更加寡言少语。"歌德赏识贝多芬的天才，但对他愤世嫉俗的革命精神却不能理解，甚至感到他有些桀骜不驯，失于礼教。

对贝多芬来说，老年的歌德也有让他失望的地方。这次会见，歌德是以一个拘泥礼节、不流露真情实感的上流人物的面孔来接待贝多芬的。他对贝多芬渴望自由和斗争，充满革命激情和信心的交响曲并不十分理解和同情，这使贝多芬打破了他想象中的那个神圣高大的歌德偶像，甚至不大相信眼前的这个人便是《少年维特之烦恼》的作者。

有一件事，我们可以看出这两个艺术天才截然不

多才多艺的文学巨匠　**歌德**

同的性格与风度。就是在泰普里茨，有一天，他们二人肩并肩地在路上散步，一群王公贵族迎面走了过来，倔强的贝多芬挽住歌德的手说道："不要把手缩回去！他们应该让路，而不是我们！"可是走到近旁，年老的歌德却不由自主地把手抽了出来，摘下帽子，退到一边，一一向贵族们鞠躬行礼。而年轻的贝多芬依然昂首挺胸，径直地穿了过去，只是微微地碰了一下自己的帽子。那些贵族们都认识贝多芬，一个个客气地给他让路，并向他纷纷致意。歌德的这一举动使一生刚正不阿的贝多芬大为恼火，他等了歌德好一会儿，才对歌德说道："我等您是由于我崇拜您，并按您的功绩而尊敬您；但是你过分抬举他们了。"

我们这位伟大的天才诗人，为德意志民族文学做出了杰出的不可泯灭的贡献，赢得了人们的无上尊敬；但是，他在现实的生活中，对那些朽如粪土的权贵们却始终如此卑躬屈膝，表现了世俗平庸的人格。这使年轻气盛的贝多芬感到十分悲哀和愤慨。他在后来谈及此事时还不无激动地说："歌德过分热衷宫廷的

→贝多芬钢琴奏鸣曲

文学艺术家卷　077

气氛,超过一个诗人所应有的程度。"尽管如此,贝多芬始终热爱着歌德,尽管这个年老的歌德已不如他童年印象中的那样高大、伟岸,但毕竟是活生生的歌德,是饱经了几十年雨雪风霜的歌德!

←《歌德诗选》

也许正是由于歌德这般的世俗,这般的老于世故,他才没有像他周围的那些哲学界、文学界、艺术界的许多伟大人物那样,一生被穷困所迫。他是在比较舒适富贵的宫廷生活中度过自己的大半生的,他遍历了精神世界喜怒哀乐的种种境界,同时也享受了人世间难得的安逸与温柔。当然,他曾给那些不甚得意的朋友们不少帮助,比如黑格尔和席勒,最初都是由于他的帮助才得到了教授的地位和待遇,这也许就是同时代的巨星们相互照耀的一种方式吧!

多才多艺的文学巨匠　歌德

相关链接
XIANGGUAN LIANJIE

贝多芬

贝多芬于1770年12月16日诞生于德国波恩。贝多芬的父亲是当地宫廷唱诗班的男高音歌手,碌碌无为、嗜酒如命;母亲是宫廷大厨师的女儿,一个善良温顺的女性,婚后备受生活折磨,在贝多芬17岁时便去世了。贝多芬是7个孩子中的第2个,因长兄夭亡,贝多芬实际上成了长子。他的母亲第一次嫁给一个男仆,丧夫后改嫁给贝多芬的父亲。艰辛的生活剥夺了贝多芬上学的权利,他自幼表现出的音乐天赋,使他的父亲产生了要他成为音乐神童的愿望,成为他的摇钱树。他不惜打骂贝多芬,迫使贝多芬从4岁起就整天没完没了的练习羽管键琴和小提琴。8岁时贝多芬首次登台,获得巨大的成功,被人们称为第二个莫扎特,此后拜师于风琴师尼福,开始学习作曲。11岁发表第一首作品《钢琴变奏曲》。13岁参加宫廷乐队,任风琴师和古钢琴师。1787年到维也纳开始跟随莫扎特、海顿等人学习作曲。1800年,在他

文学艺术家卷　079

首次获得胜利后，一个光明的前途在贝多芬的面前展开，可是三四年来，一件可怕的事情不停地折磨着他，贝多芬发现自己耳朵变聋了，贝多芬热爱练习钢琴，但是对于一个音乐家来说，没有比失聪更可怕的了，因而人们可以在他的早期钢琴奏鸣曲的慢板乐章中理解到这种令人心碎的痛苦。

贝多芬无时不充满着一颗火热的心，可是他的热情是非常不幸的，他总是交替地经历着希望和热情、失望和反抗，这无疑成了他的灵感源泉。

← 贝多芬

多才多艺的文学巨匠　**歌德**

←贝多芬的墓园

1801年，贝多芬爱上了朱列塔·圭恰迪尔，他把《月光奏鸣曲》献给她，但是风骚幼稚自私的她太不理解他崇高的灵魂，1803年与伽仑堡伯爵结婚，这是令人绝望的时刻，贝多芬曾写下遗书。

1803年贝多芬从灰暗中走出来，写出了明朗乐观的《第二交响曲》，之后更多更好的音乐在他的笔下源源不断的涌现。《第三交响曲》（英雄）《第五交响曲》《命运》《第六交响曲》（田园），还有优美动听、洋溢着欢乐的小提琴协奏曲，以及绚丽多彩的钢琴协奏曲和奏鸣曲。

1823年，贝多芬完成了最后一部巨作《第九交响曲》（合唱），这部作品创造了他理想中的世界。1826年12月贝多芬患重感冒，导致肺水肿。1827年3月26日，贝多芬终于咽下最后一口气，原因是肝脏病。在他临终前突然风雪交加，雷声隆隆，似乎连上天也为这位伟大音乐家的去世而

文学艺术家卷　081

哀悼！贝多芬的葬礼非常隆重，有两万多人自动跟随灵柩出殡，遗体葬于圣麦斯公墓，而他的墓旁则是舒伯特的坟墓。

　　伟大的作曲家贝多芬先生只在人世间停留了57年，一生完成了一百多部作品。主要作品有交响乐9部；管弦乐几十首（《爱格蒙特序曲》最为著名）；钢琴协奏曲5首；小提琴协奏曲一首；其他协奏曲5首；钢琴奏鸣曲32首（《热情》《月光》《悲怆》《黎明》《暴风雨》等最为著名）；室内乐80首；歌剧1部《弗德里奥》；另有神剧1部；弥撒曲2首等等。

舒伯特墓

多才多艺的文学巨匠　**歌德**

友谊地久天长

> 我是怀着爱和友谊，攀向人类事业的顶峰的。
>
> ——歌德

在魏玛宫廷剧院门前，矗立着并肩而立的歌德和席勒的塑像。它形象地向世人昭示，歌德与席勒作为德国文坛的两颗巨星，珠联璧合，相得益彰。他们携手为德国文学的辉煌所做出的杰出贡献，和彼此间真诚持久的友谊被世界文坛传为佳话。席勒生于1759年11月10日，正好比歌德小10岁。他与歌德的相识与友谊，经历了一段曲折而又艰难的历程。

1779年11月，歌德陪同奥古斯特公爵去瑞士，途经斯图加特，并访问了"卡尔学校"，也就是奴隶养成所，年仅20岁的席勒是这所学校的学生。这是歌德与席勒的第一次碰面，仅仅是擦肩而过。1787年6月，在德国文坛已颇负盛名的席勒来到了魏玛，十分不巧，歌德此时正在意大利逗留。直到第二年9月，这两位天才诗人才第一次在席勒的一个朋友家正式晤面。在

文学艺术家卷　083

此之前，席勒一直在寻求与歌德建立友谊，但是，这次晤面既没有给歌德，也没有给席勒留下良好的印象。

此时候的歌德虽然已开始逐渐退出政治舞台，但却依然是魏玛公国的重臣，是公爵和公爵母亲的密友；另一方面，意大利之行使他批判地回顾了自己的过去，使他在思想和行动上开始脱离"狂飙突进"运动。而此时的席勒虽然也是一个在全德国享有盛誉的大诗人和剧作家，但却不得不为糊口的面包而四处奔波，他的文学倾向和思想主张还置身于"狂飙突进"运动的行列里。可见，他们虽同为德国伟大的文学家，但是由于二人所处的社会地位和所坚持的创作思想有所不同，所以在思想感情上很难发生强烈的共鸣。此外，歌德性格上的矜持和拒人于外的冷漠，加之他对席勒由于不了解而产生的偏见，也是妨碍两个人进一步接近的一

← 魏玛宫廷剧院门前并肩而立的歌德和席勒的塑像

多才多艺的文学巨匠 **歌德**

个重要原因。所以,直到席勒1789年5月离开魏玛前往耶纳,在这将近一年的时间里,他们二人同在魏玛这座小城,且相邻而居,却一直没有什么友好、频繁的往来,虽然他们二人经常在一些社交场合碰面。

1788年底,歌德在一个朋友的请求下,同意推荐席勒去耶纳大学教授历史,为此,歌德向公国内阁写了一封荐举席勒的信。这一方面表明歌德对席勒才学的重视,同时也是为了耶纳大学的声望,以便把席勒这样蜚声德国的诗人吸纳到耶纳大学。席勒是第二年5月才到任的,这个职位最初虽然薪金微薄,但对于生活上一直没有可靠保障的席勒来说,却是十分重要的。在此之前,席勒的生活经常陷入贫困,有时还有负债入狱的危险。有了比较稳定的收入,使席勒成家有了可能,于是,他在1790年结了婚。

→席勒

直到1794年,德国这两位伟大的诗人,在思想深处却依然是相互冷淡地回避着,甚至有时还对对方怀有一定程度的反感。一个偶然的机缘

文学艺术家卷 085

使他们结束了这种状态，并开始结下真正的友谊，且从此一发不可收。

那是 1794 年 7 月下旬的一天，歌德在耶纳参加一次自然科学研究报告会。会后，他在门口与席勒不期而遇，礼仪上的寒暄之后，两个人开始交换对报告的看法。歌德十分热心地向席勒阐述他的植物形态变化理论，席勒饶有兴致地倾听着，同时表示对演讲人割裂自然的研究方法很不赞同，歌德对此也有同感。于是，两个人一边走，一边畅谈起来，不知不觉来到了席勒的家门口，而话题却犹兴未尽。于是，席勒便把歌德请进了家中，继续畅谈，这是歌德第一次造访席勒家。谈话间，歌德继续向席勒阐释他的生物变形学说，有时甚至用手势加以强调，用图画加以说明。而当歌德讲完之后，席勒却摇头说道："这不是出自经验，这是一种观念。"歌德听罢感到惊愕和诧异，他马上想起了两个人之间思想观念上的差异，于是便幽默地说："要是我有了观念而不知

←《我们可怜的席勒》

多才多艺的文学巨匠　**歌德**

道,甚至我亲眼看到了观念,那对我来说倒是好极了。"

这是一次坦率而友好的交谈,尽管他们仍然坚持各自的观点和思想方法,但却因这次长谈而消除了彼此回避的心理,产生了一股相互吸引的奇妙力量。一个星期之后,他们二人再次于耶纳会见,并进行了第二次长谈。不过,这次长谈的话题不再是自然科学,而是他们二人都十分热爱的文学艺术。那天,歌德的谈兴极高,情绪非常之好,两人各就自己的创作、理论以及德国文学界的状况广泛交换了看法。他们万万没有料到,他们的文学见解竟然是那么一致,这使席勒大为吃惊。事后,席勒在给朋友的信中这样记载道:"我们就艺术理论进行了长时间的交谈,彼此谈了我们从全然不同的道路上形成的主要思想。这个思想竟意想不到地一致,这种一致因为确

→席勒雕像

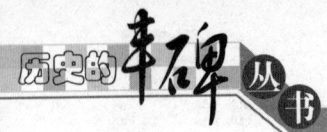

实出之于观点上的截然不同而更为饶有兴趣。每一个人都能给予另一个人所缺少的,接受另一个人所给予的。"

在这次长谈之后,席勒于1794年8月23日给歌德写了那封著名的长信。在这封信中,

←审美教育学创立者——席勒

席勒以犀利的目光、深邃的思想和遒劲的笔力,细致入微地分析了歌德的思想发展进程,同时也对自己本人的弱点有比较诚恳的总结与分析。歌德是在他将近45岁生日时接到这封长信的,他深深地为席勒对自己的分析而感到惊奇和钦佩,他在复信中称席勒这封信是他最好的生日礼物,并真诚热烈地表达出今后两人合作的迫切愿望,同时盛情邀请席勒来他的魏玛家中做客。9月14日,席勒应邀来到了魏玛,并在歌德家中住了近两个星期。这期间,他们促膝交谈,有时直到深夜,使席勒几乎连给妻子写信的时间都没有了。这短短的14天时间,在人生的旅途中只是

短暂的一瞬,但这对于歌德和席勒的友谊,对于他们共同为之奋斗的德国文学,却是孕育大好春光的关键时节,并由此开创了一个崭新的时代。这14天可以说是耕耘的春天,为他们二人文学创作上的累累果实,为德国文学的欣欣向荣,洒下了辛勤的汗水,同时也播下了饱满的种子。

席勒在耶纳大学任教时,一直想出版一份杂志,他已经找到了出版商,又物色了一批有声望的撰稿人。席勒把创办这个名叫《时代女神》刊物的想法告诉了歌德之后,引起了歌德的极大兴趣和热情。他俩商定,彼此就所关心的问题进行通信,并将这些通信陆续刊载在这份杂志上。1795年5月,第一期《时代女神》

→ 《席勒文集》

问世了。此后，便连续刊载了歌德与席勒的诗歌和文章，尤其是他们二人连载的通信。这些都是我们研究这两个伟大诗人精神发展和内心世界必不可少的资料，也是我们今天了解当时德国社会现实、文坛状况的重要史料。此后，他们两人精诚合作，先后在《时代女神》《诗神年鉴》等刊物上发表了400多首讽刺短诗和一系列谣曲。这些作品，在当时的德国文坛与社会生活中产生了很大影响。

1797年7月，歌德便开始了他的第三次瑞士之行。在苏黎世，他拜访了好友迈耶尔，游览了瑞士民族英雄退尔的故乡。在归途中，退尔这个为民族自由而英勇斗争，为反抗暴政挺身而起的英雄形象深深地激动着他，于是，歌德开始酝酿把这一题材写成一部六步韵体的叙事诗。为此，一路上他十分留心观察这一带的风光、景物、民俗，并搜集了许多资料。由于种种原因，歌德后来并没有实现这一创作计划，他把这一重大题材让给了好友席勒。他对席勒绘声绘色地讲述了这一故事，并生动具体地描述了瑞士的绮丽风光。席勒就是凭借歌德的介绍和一些相关史料，在1799年，以丰富的想象力和雄浑的笔调，写成了一部反抗暴政、歌颂自由的戏剧。席勒从未到过瑞士，但他在剧中对瑞士风景描绘得惟妙惟肖，其逼真程度使歌德

多才多艺的文学巨匠　**歌德**

也大为惊奇。《威廉·退尔》是席勒晚年的一部重要作品,而歌德主动转让题材这件事,在德国文学史上留下了千古佳话。

1797年11月底,歌德返回魏玛,从此他便致力于魏玛剧院的领导管理工作。虽然他早在1788年从意大利返回魏玛之后,便开始负责魏玛公国内阁中的文化事务。1798年,他领导并参加了剧院的改建工作,新剧院于当年10月正式竣工,并将席勒的《华伦斯泰营盘》作为揭幕演出。在这以后的20年间,魏玛剧院一直在歌德的直接领导下,并得到了席勒的大力协助,成为享誉全德的剧院,领导着德国文学的主潮。

席勒于1799年底迁至魏玛,他与歌德立志要把魏玛剧院办成德国典范的剧院。这首先便遇到了一个问题,那就是要努力净化当时的剧院舞台,把那些无聊

→ 魏玛的秋天

← 魏玛时期德军旧影

的闹剧、丑角戏以及一些内容庸俗的剧目赶下去。为了解决剧目问题，他们二人自己动手创作，自己动手翻译，同时把一些健康的外国戏剧移植进来。在他们的努力下，印度古典名剧《沙恭达罗》，莎士比亚的《麦克白》《裘力斯·凯撒》和拉辛、伏尔泰等人的作品相继在魏玛剧院上演，这无疑是给沉默的德国文学注入了新的生机和活力。

为了提高演职人员的技艺和演出质量，歌德还创建了一所戏剧学校，并亲自教授课程。他的《演员守则》就是这一时期亲手写成的，他经常观看演出，有时还亲自指导排练。

歌德像拿破仑那样严厉地管理着魏玛剧院，而且事必躬亲。从剧目的选择、排练，演员的培养、演技的指导与提高，直到剧院的装修都亲自参与，而且做得十分认真，不讲情面，甚至由此导致他与公爵发生

多才多艺的文学巨匠　**歌德**

了激烈的冲突。奥古斯特公爵是一个爱狗狂，他组织人专门为他写了一出剧，剧的名字叫《狗》，而且决定让他的爱犬在剧院舞台上亮相。这使歌德十分气愤，他认为这是对神圣舞台和戏剧艺术的粗暴践踏和公然亵渎。一气之下，他向公爵提出了辞呈，第二天，辞呈便被批准，他也被迫离开了苦心经营起来的魏玛剧院。后来，这座有名的剧院于1825年3月22日被一场大火焚为灰烬。当歌德得知剧院被焚的消息后，痛苦地喊道："这是我回忆的坟墓。"今日，矗立在重建的魏玛剧院前的歌德与席勒的巨大塑像，成了后人对这两位伟大诗人的永久铭念。

1805年5月9日，穷困与劳累夺去了席勒的生命，当时歌德正患病卧床，没有人敢把这个坏消息告诉他，但是，从周围人们的表情上，歌德看出了一切，他用手捂住脸，滚滚的泪水顺着手流淌着。当稍好了一些以后，他提笔写下了最沉痛的悼念席勒的诗文，在一封信中，他这样写道："我失去了一个朋友，我自己也等于死去了一半。"

席勒之死，标志着德国古典文学的时代正式结束。在他与歌德合作的10年间，是"爱与收获"的10年，10年中，他们相互激励，相互切磋，密切合作，共同走过了一段辉煌灿烂的文学创作道路。10年里，席勒写出了一系列美学著作、叙事谣曲，并完成了《华伦斯坦三部曲》《奥尔良姑娘》《威廉·退尔》等剧本。歌德也创作了长篇小说《威廉·麦斯特的学习时代》、诗剧《浮士德》第一部、叙事长诗《赫尔曼和窦绿苔》等作品。他们这些伟大作品，共同把德国文学推向一个前所未有的高峰，进而确定了德国文学在世界文学上的光辉地位。当我们今天再谈起德国文学时，人们不可避免地要谈到歌德与席勒这两位伟大的诗人，谈到他们的作品，谈到他们共同的友谊、合作和他们对人类文明所做出的贡献。

←席勒雕像

多才多艺的文学巨匠　**歌德**

相关链接
XIANGGUAN LIANJIE

席勒主要作品

　　《强盗》之所以受到如此热烈的欢迎，是因为作品中蕴涵的反专制思想深切的迎合了彼时德国青年的心理。此时德国的"狂飙突进运动"已经发展至高潮，而《强盗》一剧的主人公卡尔就是一个典型的狂飙突进青年形象。他不满于专制与格局并存的社会现状，却又无力改变。他追求自由，对当时的社会提出挑战，是典型的叛逆者，最后却只能悲剧收场。《强盗》取得成功之后，席勒进入了生命中的第一个旺盛的创作期。从1782年至1787年，席勒相继完成了悲剧《阴谋与爱情》（1784年）、《欢乐颂》（1785年）、诗剧《唐·卡洛斯》（1787年）等。《欢乐颂》《阴谋与爱情》是席勒青年时代创作的高峰，它与歌德的《少年维特之烦恼》同是"狂飙运动"最杰出的成果，此剧揭露了上层统治阶级的腐败生活与宫廷中尔虞我诈的行径。《阴谋与爱情》无论在结构上还是题材上都是德国市民悲剧的典范。席勒摒弃了创作

文学艺术家卷　095

《强盗》时惯用的长篇大论，而是改用简洁的语言进行讽刺。来自市民阶层的人物路易丝与宰相的对话："我可以为你奏一曲柔板，但娼妓买卖我是不做的，如果要我递交一份申请，我一定恭恭敬敬；但是对待无礼的客人，我就会把他撵出大门！"直接质问德国社会严格的等级制度，具有乌托邦色彩。诗剧《唐·卡洛斯》以16世纪西班牙的宫闱故事为背景，以生动的情节表达作者的理想：通过开明君主施行社会改良。这个剧本是席勒创作风格的转折点，表明他已经由狂飙突进时的激进革命精神转化为温和的改良思想。此后，席勒青年时代的创作宣告结束。

1786年，席勒前往魏玛，次年，在歌德的举荐下任耶拿大学历史教授。从1787年到1796年，席勒几乎没有进行文学创作，而是专事历史和美学的研究，并沉醉于康德哲学之中。法国大革命时期，席勒发表美学论著《论人类的审美教育书简》（1795年），曲折地表达了席勒对暴风骤雨般的资产阶级革命的抵触情绪。他主张只有培养品格完善、境界崇高的人才能够进行彻底的社会变

多才多艺的文学巨匠　歌德

革。这也是在《唐·卡洛斯》中宣扬的开明君主思想的延续。尽管如此，席勒始终没有放弃寻求德国统一和德国人民解放的道路，他的美学研究和社会变革等问题结合得非常密切。

歌德与席勒

1794年，席勒与歌德结交，并很快成为好友。在歌德的鼓励下，席勒于1796年重新恢复文学创作，进入了一生之中第二个旺盛的创作期，直至去世。这一时期席勒的著名剧作包括《华伦斯坦三部曲》（1799年）、《玛丽亚·斯图亚特》（1801年）、《奥尔良的姑娘》（1802年）、《墨西拿的新娘》（1803年）、《威廉·退尔》、《欢乐颂》等等。这一时期席勒创作的特点是以历史题材为主，善于营造悲壮、雄浑的风格，主题也贴近宏大的社会变革题材。《威廉·退尔》是这一时期席勒的重要剧作，戏剧取材于14世纪瑞士英雄猎人威廉·退尔的传说，这一题材原本是歌德在瑞士搜集到的，他将其无私赠予席勒。席勒从未去过瑞士，却将这一传说诠释得极为生动，瑞士人为了感激席勒，把退尔传说发生地四林湖沿岸的一块极为壮观的巨岩石命名为"席勒石"。《威廉·退尔》以瑞士独立斗争为背景，在歌颂民族英雄的同时也歌颂努力争取民族解放的壮举，在欧洲范围内引起极大反响。除戏剧创作外，这一时期席勒还和歌德合作创作了很多诗歌，并创办文学杂志和魏玛歌剧院，歌德的创作风格对席勒产生了很大影响。1796年，两人共写了上千首诗歌，而歌德的名作《威廉·迈斯特》和《浮士德》第一部也是在这一时期成形的。

总体来说，席勒这一时期的创作是古典主义风格的，早年的浪漫激情已经几近消失。席勒和歌德合作的这段时间被称为德国文学史上的"古典主义"时代。

席勒是德国古典文学中仅次于歌德的第二座丰碑，他的代表作之一历史剧《瓦伦斯但》，这部戏剧实际上就是三十年战争中德意志民族悲剧的重演，席勒的功绩在于他把这场民族的悲剧搬上了艺术的舞台。

1805年5月，席勒不幸逝世，歌德为此痛苦万分："我失去了席勒，也失去了我生命的一半。"歌德死后，根据他的遗言，被安葬在席勒的遗体旁。

多才多艺的文学巨匠　**歌德**

勤奋充实的暮年

> 时间是我的财产，我的田亩是时间。
> 我在人世间生活的岁月所留下的痕迹不会消失在时间的长河里。
> 　　　　　　　　——歌德

歌德的身体一向十分健康，他几乎一直是在舒适安逸的宫廷生活中度过晚年的。纯真的感情世界、浪漫的创作生活和威严的仪表风范，使他到了老年仍然保持着旺盛的精力和智慧的思想。他的生命力和思想力一样强，以致他的朋友、爱妻、独子，还有魏玛公爵，都一个个先他而亡故，而他直到82岁时仍然在进行创作。

老年的歌德对东方文化，尤其是中国文化产生了浓厚的兴趣。1813年10月，当莱比锡民族大会战进入到白热化阶段时，歌德却把自己智慧的目光投向了东方的中国。他先后从奥古斯特公爵的图书馆借到了十几种有关中国的书籍，其中包括马可波罗写的游记以及有关中国哲学的著作。在以后的岁月里，歌德还通过英法译本读了一些中国小说和中国诗歌，如《好逑传》《玉娇梨》《百美图咏》《今古奇观》等；他还一直想把《好逑传》写成一部类似《赫尔曼和窦绿苔》的长诗；他在读过《赵氏孤儿》之后，曾计划写一部戏剧《埃平诺》，虽然后来仅仅留下些片段。

←马可·波罗

从1827年到1829年3年间，这位年近八旬的老诗人写下了14首抒情诗，题名为《中德四季晨昏吟咏》，这些诗都是咏物寄情之作，而且有比有兴，充满了浓郁的东方诗歌艺术韵味，抒发了他对东方文化的憧憬。这里摘录第一首：

怎肯辜负好春光，
吏尘仆仆人消瘦。
梦魂一夜到江南，
草色青青水色秀。

多才多艺的文学巨匠　**歌德**

临流赋新诗，

踏青携美酒。

一杯复一杯，

一首复一首。

歌德所能接触的中国文化艺术肯定不是很多，而且也不可能全是中国文化的精华，尽管如此，他还是从中看到了更为深刻的东西。他曾说道："中国是一个和德国非常相像的民族。"1827年1月，他在同爱克曼的谈话中又谈到中国："中国人在思想、行为和感情方面几乎和我们一样，只是在他们那里一切都比我们这里更明朗、更纯洁，也更合乎道德。在他们那里，一

→马克思和恩格斯共同起草《共产党宣言》

文学艺术家卷　101

切都是可以理解的，平易近人的，没有强烈的情欲和飞腾动荡的诗兴，因此和我写的《赫尔曼和窦绿苔》以及英国的理查生写的小说有许多类似的地方。"也就是在这次谈话中，歌

←秦腔《浮士德》剧照

德从中国文学谈到法国文学，进而提出了"世界文学"这一概念，这在历史上还是第一次。当时他说："民族文学在现代算不了很大一回事，世界文学的时代已经快来临了。"20年后，马克思和恩格斯在《共产党宣言》中也提出了"世界文学"这一概念。

　　老年的歌德有着十分旺盛的精力，同时也保持着青春般的激情。他在74岁时，竟对一位19岁的年轻少女一见倾心。他遭到了拒绝，而且受到了社会各方面的责难与非议，使他再次陷入极度的痛苦与绝望之中。这场感情上的风雨过后，我们这位伟大诗人的感情世界就像一湾平如明镜的湖水，再也没有泛起过涟漪，更没有掀起过波浪。他生命最后的10年，可以说是平

多才多艺的文学巨匠　歌德

静恬淡、勤奋充实的10年。

老年的歌德很少外出，几乎是整天把自己关在与世隔绝的庭院里，专心致志地从事写作。他每天很早起床，起来后便开始写作，到10点钟用早餐，然后和几个孙儿玩耍一会儿，随后又是写作或口授。12点钟开始接待来访者，下午2点钟用中午饭。他特别高兴邀请来访客人一道用餐，边吃边聊，有时一吃就是三四个小时。饭后，他把客人领到自己的书房，请大家欣赏他的各类收藏品，这是他晚年生活中的一大乐事。晚上，他通常与家人、朋友团聚在一处，或是海阔天空地聊天，或是声情并茂地朗诵。总之，他把每天的生活安排得丰富多彩而又井井有条，但是，当他进入创作状态时，从来不许任何人去打扰。就这样，由于他个人的努力和坚持，他先后完成了《威廉·迈斯特的漫游年代》《我的生活·诗与真》《随军征法记》，尤其是完成了他那不朽的传世名著《浮士德》。

晚年的歌德基本

→音乐家韦伯

上是足不出户，但他在德国乃至欧美的影响却与日俱增，越来越大。当时，欧洲的一些著名学者和艺术家络绎不绝地前来拜见这位年迈的伟大人

←诗人海涅

物，比如哲学家黑格尔、音乐家韦伯、诗人海涅、作家密茨凯维支、萨克雷等人，都曾怀着十分崇拜的心情来拜见歌德，有的还留下了许多记载歌德晚年生活的珍贵资料。

提到歌德晚年的生活、创作和思想，我们不能不提到一个人物，那就是歌德的崇拜者爱克曼，爱克曼出身贫苦，多年一直半工半读。1821年他入哥廷根大学学习法律，但他酷爱文学，尤其对歌德的作品十分崇拜，用他自己的话说，他成年累月生活并沉浸在歌德的著作里，他所想和所说的，除了歌德别无其他，他还写过一篇《论诗，特别引歌德为例》的文章，并把稿子寄给歌德，曾得到歌德的好评。1823年夏，爱克曼31岁时，来到魏玛拜访了歌德。歌德对这位勤奋好学的年轻人十分喜欢，于是便把他留在自己身边工作。爱克曼对待歌德，就如同学生对待老师、儿子对

多才多艺的文学巨匠　歌德

待父亲那样尊敬、亲切，他从歌德那里得到教诲和智慧，同时帮助歌德写完了一些重要著作。爱克曼在歌德身边一直工作到这位伟大诗人逝世。与歌德朝夕相处了10年，使他积累并掌握了有关晚年歌德生活的许多宝贵资料，他细心地把这些资料保存下来，后来写成了一本书，名为《歌德谈话录》，这是我们今天研究歌德思想和作品必不可少的一本著作。

有人曾这样论述道：浮士德如果没有歌德，那他的形象充其量不过是个江湖术士、骗子，他决不会像今天这样，在人们心目中这样受到尊敬，形象高大，在世界文学史负有盛名；歌德倘若没有《浮士德》，就如同没有宝石的皇冠，或是没有皇冠的皇帝，如果没有《浮士德》，歌德充其量是半个伟人，他在德国文学乃至世界文学史上的地位会变得黯淡苍白。诗剧《浮士德》是歌德毕生的一桩"主要事业"，他为写作这部著作，苦心孤诣，呕心沥血，用去了自己将近一生的时间。1832年3月

→《歌德谈话录》

17日，也就是在他离开人世的前5天，他在一封信中这样写道：从青年时代开始，他便开始构思《浮士德》。具体来说，他着手写这一题材是从1773年夏天开始的，到1806年春天写完第一部；从1825年开始，他才着手不间断地写《浮士德》的第二部，直到1831年7月，他才终于把这一"主要事业"完成；1832年1月，他又再一次审阅了业已完稿了的《浮士德》（第二部），前后历经60年之久。可见，我们这位皓首穷经的老诗人对自己的作品认真负责到视如生命。

← 《浮士德》第二部

诗剧《浮士德》中的原型是个民间人物。他四处流浪，以炼金术、占卜、变魔术、跑江湖为生，喜欢说大话，吹牛皮，自称无所不能。有学问的人把他看作是骗子、流氓，可在一般人中间却是个受欢迎的人物，后来他死于炼金试验的爆炸中。他死之后，有关他的传说、轶事、趣闻在民间广为流传，再后来，便有了《约翰·浮士德的故事》一本书，专讲他的故事。

多才多艺的文学巨匠　**歌德**

书中所写的浮士德已是另外一种模样：为了要享尽人世间的荣华富贵，他把自己出卖给魔鬼，要魔鬼为他服务，满足他的任何欲求，并定下20年的期限。17年后，浮士德害怕了，但为时已晚，终于惨死于魔鬼之手。

歌德借助于这一传统题材与民间人物，以更加深邃的思想、机警的智慧和饱满的热情，使浮士德这一人物形象发生了质的飞跃与变化，把他写得栩栩如生，光彩照人，具有鲜明的个性，并赋予这一形象一种哲理性的启示，使之进而成为德国人民的形象化身。

《浮士德》的故事梗概是这样的：故事开始是在天上，也就是《天上序幕》，这个序幕是全剧的纲，统领全书，主要写魔鬼靡非斯特和上帝争论人的善恶。魔鬼认为人是情欲的可怜奴隶，无法克制自己，只能困惑终生，备受其苦，但是上帝却坚信人们无论陷入怎样的迷途，犯有什么样的过失，但最终一定能找到真理，走上正路。于是，他们双方就以在人

→《浮士德》全译插图本

世界正处于彷徨、绝望中的浮士德为赌，魔鬼靡非斯特执意要把人引入魔路，而上帝却坚持一个善人在摸索中不会迷失正途的主张。

←德国代表团演出《浮士德》剧照

第一部开始写浮士德的书斋生活。年近半百的博学人士浮士德，虽然知识渊博，受人尊敬，但此刻却面临着精神上的极度危机。他开始感到知识的无用和书斋生活的可厌，他要摒弃知识，去品尝世间的人生苦乐。他首先动用"黑色艺术"即用符录召来地神，可地神又帮不了他。他意欲以自杀一死了之，但复活节的钟声大作，唤回了他对生存的依恋，可精神上的危机却没有摆脱。魔鬼靡非斯特乘机而入，与浮士德打赌订约：靡非斯特为浮士德服务，满足他提出的任何要求；而浮士德一旦说出："我假如有得那样的一刹那，我对它说，你真美呀，停留一下！"那浮士德就算失败，生命终止，灵魂便归魔鬼所有。于是，浮士德放弃了学者生活，决心去体验人世间的痛苦和欢乐，从而结束了他人生的

多才多艺的文学巨匠　**歌德**

第一个阶段：知识的悲剧。

浮士德喝了女巫的药汤，重返青春，他爱上了少女甘泪卿。后来甘泪卿失误毒死自己的母亲，浮士德又误杀了她的哥哥，甘泪卿又溺死了自己的婴儿。在历经了爱情的苦乐和命运的折磨之后，浮士德感到良心受到谴责，大声喊出："我不如不曾诞生！"第二部开始时，浮士德被魔鬼引荐到皇帝的宫廷里，并开始用自己的才能为统治者服务。当他应皇帝的要求，依靠魔鬼把古希腊美女海伦召到宫廷后，便对海伦一见倾心，他在抗击抢劫海伦的美少年巴黎斯时，被震昏于地，使他经历了探索人生的又一个阶段。

→话剧《浮士德》剧照

文学艺术家卷　109

魔鬼把昏迷的浮士德背回书斋，浮士德醒来后第一句话便询问海伦的下落。后来在魔鬼的帮助下，浮士德找到了海伦，两人相爱后生有一子，名叫欧福良。欧福良在一场战争中夭逝早死，海伦也返回阴间，浮士德在古典美的生活世界里又落得个一场虚空。

在经历了古典美的悲剧之后，浮士德的内心燃起了更高的追求，他要探求最高尚的真理，并渴望自己去干一番事业。他把这惊人的功业定在了填海造田上，他借助魔鬼的法力平定了国内的叛乱，并从皇帝那里得到一片海滨作为封地。浮士德这次自己成了统治者，他率领人民同大海战斗，去实现他改造自然、造福人类的伟大理想。虽然此时的浮士德已双目失明，但眼前移山填海的壮丽景象使他无比激动，于是他喊出了"你真美呀，请停留一下！"他在精神上得到了最高的满足，但是他的躯体却倒下了——他的生命结束了，而他开创的事业却永远存在下去。依据契约，浮士德的灵魂应归魔鬼所有，但这时天使从天而降，从魔鬼手中把浮士德的灵魂引入上界，浮士德所爱的少女甘泪卿在那里恭候着他，全剧到此告终。

浮士德是文艺复兴时代一个巨人的典型形象，他集中体现了西欧资产阶级上升时期代表人物的进取精

多才多艺的文学巨匠　**歌德**

神。他十分厌恶宗教加于人们身心的种种束缚，渴求生活和自然，不断追求人生的真谛；在这一探索追求过程中，他要把全人类的苦乐堆积于自身，要在内心把人类所有的精神财富加以领略；他努力冲破了知识的牢笼，摆脱了官能享受和爱情羁绊，走出了生活的小圈子，而步入了社会的大世界。但在这大世界上，无论是他努力为当代君王服务，还是他与古典美相爱结合，只给他留下了精神上的迷茫与空虚。只有在为人类造福，征服大自然的宏伟壮观的斗争中，他才找到了人生最大的满足，得出了智慧的最后断案，虽然这种智慧的最后断案具有空想性质，但总体上是积极向上的。

→《浮士德》——古诺作品

总之，《浮士德》是对人类的一首颂歌，它充分肯定了人生的积极意义，高度颂扬了人的进取和追求精神，并对人的认识力量和创造力量给予了热情的讴歌和高度的评价。在这部宏伟的画卷里，形象地表现了人类从中世纪以

文学艺术家卷　111

来300多年间的精神生活发展历程。马克思十分喜爱这部悲剧，列宁在流放时仅带有两部文学作品，其中一部就是《浮士德》。

1831年7月22日，歌德在这一天写完了《浮士德》的最后一页稿纸，此时的歌德已是年逾80高龄的老人了。一定意义上讲，《浮士德》是歌德留给人类的一首千古绝唱，也是他对自己一生的反思总结，更是对当时的时代与社会的诀别！

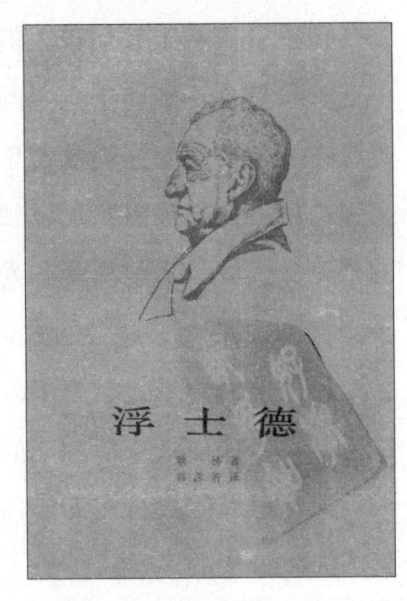

← 《浮士德》

1832年3月15日，歌德在外边受了点风寒，回到家中便病倒了，而且病情时好时坏。22日那天早晨，他自觉状态好些了，于是便坐起来同儿媳妇谈话。不一会儿，他又陷入了昏迷状态，垂危中的歌德把目光瞥向窗户，他竭力喊道："把那边的第二扇窗户也打开，让更多的光进来！"这是诗人留在世界上的最后一句话。他又把手举向空中，用食指写着什么，可是这只手却猝然无力地垂了下来，诗人慢慢地合上了智慧的眼睛。这时，时钟刚好指向12时

多才多艺的文学巨匠　**歌德**

半,一代诗哲就这样辞别了人世,一颗文坛巨星就这样陨落了。

歌德的一生是漫长的一生,他亲身经历了当时发生的许多重大的政治历史事件;歌德的一生是勤奋的一生,他写下了数以千计的诗歌,数以百计的小说、戏剧和文章,而且还在自然科学研究方面做了多学科的探讨,写了52卷诗文集,13卷科学著作,15卷日记,49卷书信,一共有129卷作品;歌德的一生又是积极的一生,在漫长的生涯中,他始终充满着追求和矛盾,具有典型的双重性格。他创造了那个伟大的浮士德博士,他自己的一生也像浮士德一样,不断地苦闷、彷徨、探索、追求,一方面表现出他在历史、时代、阶级上的局限性,另一方面却为人类做出了伟大而不可磨灭的贡献。

→歌德的雕像

文学艺术家卷　113

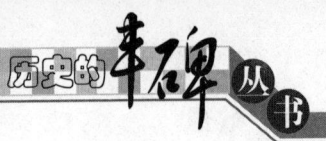

相关链接
XIANGGUAN LIANJIE

歌德与《浮士德》

浮士德是德国传说中的一位著名人物,相传可能是占星师或是巫师,传说中他为了换取知识而将灵魂出卖给了魔鬼,许多文学、音乐、歌剧或电影都是以这个故事为蓝本加以改编的,如歌德的《浮士德1》《浮士德2》:

初稿浮士德:1768-1775年
浮士德片段:1788-1790年
浮士德悲剧第一部:1797-1808年
浮士德悲剧第二部:1825-1832年

浮士德有五大追求:追求知识,他满腹经纶,却于事无补;追求爱情,爱情被保守思想和封建礼法扼杀;政治追求,为封建王朝服务,却因爱上海伦而葬送自己的前程;追求艺术,追求古典美,也以幻灭告终;社会理想追求,围海造地,建造人间乐园,却在呐喊中倒地而死。

多才多艺的文学巨匠　**歌德**

献词：

你们又走近了，飘摇无定的形影，
就像当初，在我迷茫的眼前现形。
这一回啊，我将努力把你们抓住，
那大胆妄想，我对它仍一片痴情。
好，随你们争先恐后，你推我拥，
随你们窜出雾霭，围绕着我汹涌，
随着你们的到来，空中弥漫灵氛。
青春的热血啊，又令我心胸激动！
你们带来了欢乐时日的欢乐情景，
一些可爱的身影也随之冉冉上升，
恰似一个渐渐淡忘的古老的传说。

这是歌德写在《浮士德》之前的献词，它生动而深刻地道出了诗人创作这本巨著的前后经过和心境。物是人非之感、内心冲动和现实阻挠、梦和生活的落差……《浮士德》这本书真的值得看一辈子。

初恋和友谊也一样被回忆、重温。
痛苦重新体验，怨恨复生出怨恨，

文学艺术家卷　115

叹人生之旅，难逃出歧路、迷宫，
哀良朋挚友，一个个都先我而逝，
让眼前幸福骗去他们美好的光阴。
那些听过我早年的唱段的人们，
他们啊已听不到我以后的歌吟；
友好的聚会已是杳无踪迹，
唉，最初的回响也寂然无声。
我的悲歌将为陌生的人群而唱，
他们的喝彩啊一样会令我心惊。
那些曾经喜欢我的歌的人们，
他们纵然活着，也四散飘零。
长久克制的欲望猛然将我攫住，
对肃穆的幽灵世界我充满憧憬；
我于是开始歌唱，如轻声絮语，
我音调忽高忽低，似风鸣琴声。
我突然浑身战栗，泪流个不停，
已经铁硬的心中，又充满温情；
仍然拥有的，仿佛从眼前远遁，
已经逝去的，又变得栩栩如生。